Wirkungsmacht unter dem
intersektionalen Ansatz

»Aspekte«

Alma Marta

Alexandra Kauffmann

Wirkungsmacht unter dem intersektionalen Ansatz

**Was bedeuten subjektive
Unterdrückungserfahrungen
im Ansatz der Intersektionalität für die
Funktion Sozialer Arbeit?**

Die Deutsche Bibliothek verzeichnet diese Publikation
in der Deutschen Nationalbibliografie.
Detaillierte bibliografische Daten sind im Internet
abrufbar unter http://dnb.d-nb.de

Besuchen Sie gern unsere Verlage im Internet:
www.alma-marta.de
www.marta-press.de

1. Auflage November 2022
© 2022 Alma Marta, Hamburg, Germany
www.alma-marta.de
Alle Rechte vorbehalten.
Kein Teil des Werkes darf in irgendeiner Form (durch
Fotografie, Mikrofilm oder andere Verfahren) ohne
schriftliche Genehmigung des Verlages reproduziert
oder unter Verwendung elektronischer Systeme
verarbeitet, vervielfältigt oder verbreitet werden.
© Umschlaggestaltung: Andreas Imhof, Hamburg
Printed in Germany.
ISBN 978-3-948731-05-2

Inhaltsverzeichnis

Vorwort

„ […] Ich bin radikal.
Ich bin radikal.
Ich spreche von radikaler Menschenliebe
Menschenliebe.
Ich spreche davon eine Welt mitzukreieren, wo wir alle
Platz haben.
Ich spreche davon, dass wir uns vor den Problemen
dieser Welt
nicht verschließen können, weil sie uns alle angehen,
dich und mich.
Ich spreche davon, dass ich das nicht alleine schaffe
und dich bitte
mich zu unterstützen, indem Du deinen Anteil daran
findest.
Radikale Menschenliebe
Radikale Menschenwürde einfordern.
Denn Menschenwürde sollte uns allen zuteil werden.
Menschenwürde
Würde.
Wir sind doch alle Menschen, oder?“
(Aukongo zitiert nach: Quix 2016:82)

In diesem Buch wird thematisiert, wieso es diese Forderungen nach Menschenwürde gibt. Es wird aufgezeigt, warum wir nicht in einer gerechten Welt leben, warum Menschen keinen Platz darin bekommen und wie wir unseren Anteil darin finden können, radikale Menschenliebe hervorzubringen.

Im Zentrum der Überlegungen steht das Konzept der Intersektionalität. Das Konzept entspringt den Forderungen und Ideen Schwarzer Frauen*, welche für ihre Rechte kämpften und immer noch kämpfen.

Der Grund, dieses Buch zu schreiben, war – nachdem ich über verschiedene Diskriminierungsformen geschrieben habe –, die Ursachen von Diskriminierung und Unterdrückung im Allgemeinen zu untersuchen. Als Sozialarbeiterin ist es mir wichtig, in der Arbeit mit Menschen verschiedene Lebenswelten zu kennen und Menschen zu bestärken, ein gutes Leben führen zu können. Im Arbeitsalltag stellt es ein Hindernis dar, Menschen lediglich individuell Unterstützung und Begleitung anbieten zu können. In der Realität verändern wir nur sehr selten gesellschaftlich oder strukturell etwas. Soziale Arbeit ist eine Institutionelle Hilfe und stärkt damit allzu oft nur die Struktur in der wir leben. Stattdessen sollte sie politisch sein und Perspektiven der Befreiung hervorbringen. Dieses Buch wird thematisieren, wie wir als Gesellschaft über Menschen werten, wie wir handeln und wie wir Unterdrückung entgegenwirken können. Dazu werde ich unter anderem verschiedene Autor:innen sprechen lassen, die erklären, wie das alles passiert und was für Forderungen sie stellen, um in einer gerechten Welt leben zu können.

Zur verwendeten Sprache in diesem Buch sind mir folgende Anmerkungen wichtig zu benennen:

In dieser Arbeit wird gendergerechte Sprache verwendet. Wörter, die ein Geschlecht beschreiben, wie beispielsweise „Leser:innen", werden mit dem **Doppelpunkt** („:") gegendert. Der Doppelpunkt soll eine Markierung dafür sein, dass dieser als Platzhalter für alle Genderidentitäten fungiert und entzieht sich in dieser Schreibweise der hegemonialen Zweigeschlechtlichkeit. Er wird statt eines Unterstrichs („_") oder eines Asterisks („*") benutzt, da er die gendergerechte Sprache auch in Vorleseprogrammen zum Ausdruck bringt. Es ist mir bewusst, dass andere Varianten einen größeren „Störfaktor" beim Lesen darstellen sollen und in vielen Texten der Fokus auf Geschlecht gelegt wird, und deswegen die Forderung besteht, diese Varianten statt des Doppelpunktes zu verwenden. Diese Ausarbeitung thematisiert jedoch Intersektionalität und beschreibt die Verschränkung oder Beeinflussung von verschiedenen Diskriminierungskategorien. Deswegen erscheint es mir als bedeutsam, dies über den Doppelpunkt sichtbar zu machen und Barrieren abzubauen.

Das Sichtbarmachen von Genderidentitäten am Ende von weiblichen* bezogenen Wörtern (durch den **Asterisk „*"**) soll darauf aufmerksam machen, dass auch trans*, Inter*, queere und nicht binäre Personen gemeint sind. Die weibliche Schreibweise ohne Asterisk ist oft ein Ausdruck dafür, dass sich Personen oder Gruppen als cis Frauen bezeichnen, sich also dem Geschlecht, welches bei der Geburt zugeteilt wurde, zugehörig fühlen. Das gleiche gilt für den Doppelpunkt. Diese Markierungen sollen bei der Sichtbarmachung von Geschlechtsidentitäten helfen, also von Personen, die sich nicht einem Geschlecht zuordnen oder zugeordnet werden. Die Definitionsmacht über die geschlechtliche Verortung sollte jeder Person eigenständig zustehen, womit ich durch den Asterisk Menschen ihre Geschlechtlichkeit nicht absprechen, sondern alle repräsentieren möchte. Männer werden in der Arbeit nicht markiert, denn auch, wenn sie sich nach Meuser (2001) über- und unterordnen, verfügen sie über die patriarchale Vormachtstellung (politische Machtposition). In dieser Arbeit sollen die Repräsentation und Wertschätzung im Vordergrund stehen, weshalb dies über den Asterisk zum Ausdruck gebracht wird.

Das Wort **„Schwarz"** wird in dieser Arbeit großgeschrieben. Damit soll sichtbar gemacht werden, dass sich auf die Selbstbezeichnung von Schwarzen Frauen* bezogen wird. Der Begriff „Schwarz" meint nicht die Hautfarbe oder tatsächliche Farbe, sondern weist auf die unterdrückerische Konstruktion der Kategorie *„race"* hin und stellt einen politischen Kampfbegriff dar.

Hingegen wird *„weiß"* klein und kursiv[1] geschrieben, weil es sich hierbei um eine

---

[1] In kursiv geschriebenen Zitaten wird es dementsprechend gerade geschrieben.

gesellschaftliche Machtkonstruktion handelt, die von Über- und Unterordnungsverhältnissen geprägt ist. Das *„weiß sein"* bleibt darin oft unsichtbar.

Bei der Verwendung des Wortes **„Race"**, soll ausgedrückt werden, dass es sich dabei um eine rassistische Zuschreibung und soziale Konstruktion handelt, die unterdrückerisch fungiert. Menschen werden dadurch zu homogenen Gruppen geformt und es beschreibt keine individuellen Eigenschaften.

Die politischen Selbstbezeichnungen **„Person of Colour"**, **„People of Colour"** („PoC") und **„Black, Indigenous, People of Color"** („BIPoC") wurden sich von der US-amerikanischen Bürgerrechtsbewegung der 1960er Jahre wieder angeeignet, um sich den unterschiedlichen rassistischen Erfahrungen gemeinsam entgegenzustellen. Die Bedeutung würde in der Übersetzung ins Deutsche verloren gehen.

Die Bezeichnung **„Able-bodied"** ist das Gegenteil von disabled. Als able-bodied gelten Körper, die gesellschaftlich als psychisch und physisch gesund beschrieben werden.

Mit dieser Erläuterung und der genutzten Sprache hoffe ich, einen Teil dazu beitragen zu können, viele Menschen zu repräsentieren und einen hegemonialen Sprachgebrauch durchbrechen zu können.

Schließlich möchte ich allen Menschen danken, die mir durch die Diskussionen, ihre Gedanken, ihre

Schriften und ihre Möglichkeiten einen Weg aufgezeigt haben und mich darin begleitet haben, dieses Buch veröffentlichen zu können.

1. Einleitung

Wenn über Diskriminierung oder Unterdrückung gesprochen wird, dann häufig mit dem Fokus auf eine Gruppe oder einen Bereich der Gesellschaft. In diesem Buch möchte ich allgemein der Frage nachgehen, was Unterdrückung ist, welche Perspektiven wichtig sind und wie dieser entgegengewirkt werden kann. Als Sozialarbeiterin zeigt sich mir eine existenziell notwendige Grundhaltung in den institutionellen Handlungsfeldern sowie ein Verständnis über eine ungerechte Gesellschaft, in der Unterdrückung strukturell verankert ist. Daraus schlussfolgernd ist es nötig, Perspektiven der Befreiung zu entwickeln.

Die Kernfrage dieses Buches ist: Was bedeuten die subjektiven Unterdrückungserfahrungen im Ansatz der Intersektionalität für die Funktion Sozialer Arbeit?

Eine eindimensionale Perspektive auf Unterdrückung – wie die Betrachtung einer einzelnen Diskriminierungskategorie – macht einen Teil derer unsichtbar, welche der strukturellen Benachteiligung stark ausgesetzt sind. So kann Diskriminierung und Unterdrückung aufgrund mehrfacher Zuschreibungen passieren. Schwarze Frauen* beispielsweise erfahren aufgrund von *Race* und Geschlecht Diskriminierung. Es kommt so zu einer Verschränkung von zwei Diskriminierungsformen. Um dem entgegenzuwirken, ist es von großer Bedeutung, sich an dieser Stelle mit dem Konzept der Intersektionalität auseinanderzusetzen, welches sich beispielsweise mit der Sichtbarmachung des benachteiligenden Zusammenwirkens mehrerer Dimensionen sozialer Ungleichheit und ihrer Analyse auseinandersetzt.

Eine Analyse zum Thema Unterdrückung sollte intersektional vorgenommen werden, um der individuellen Betroffenheit gerecht zu werden und die gesamte Auswirkung sichtbar zu machen.

Soziale Arbeit stellt eine institutionelle Hilfe dar und ist Teil der Sozialpolitik. Die Darstellung der Funktion Sozialer Arbeit im Sozialstaat wird aufzeigen, wie mit Menschen im deutschsprachigen Raum, die diskriminierenden oder exkludierenden Mechanismen ausgesetzt sind, präventiv oder akut umgegangen wird. Denn die Soziale Arbeit richtet sich vorwiegend an Menschen in prekären Lebenssituationen, die daraus resultieren, dass sie strukturell benachteiligt und unterdrückt oder aus der Gesellschaft ausgeschlossen werden. Durch die Analyse ihrer Funktion und einer Gegenstandsbestimmung wird ermöglicht, verfestigte Mechanismen zu erkennen, und es können Perspektiven entwickelt werden, dem entgegenzuwirken. Deswegen eröffnet diese Fragestellung einen weit gefächerten Blick.

Die Wichtigkeit, verschiedenste Dimensionen[2] zusammen zu denken, stelle ich an meiner eigenen Identität fest. In den ersten Wochen meines Studiums fühlte ich meine Position als Mensch, der in Armut aufgewachsen ist, sehr prägnant. Mir war Wissen über Themen wie beispielsweise Hartz IV schon bekannt und gleichzeitig merkte ich, dass mir sprachliche „Codes" unbekannt waren, ebenso das Wissen über tiefer gehende Kritiken an der Gesellschaft. Ich bemerkte, dass ich mit diesem unsichtbar erscheinenden Gefühl nicht alleine bin, denn auch bell hooks[3] formuliert:

> *„Als ich die segregierte Welt der Armen und Arbeiterklasse meiner Heimat verließ, um privilegierte Schulen zu besuchen, stellte ich fest, dass [...] [die] privilegierten [...] Studierenden [...] keine Ahnung hatten, was es bedeuten könnte, nicht die nötigen Mittel zu besitzen, um tun und lassen zu können, was man wollte. Unabhängig von unserer Hautfarbe machten Studierende aus armen Verhält-*

---

[2] Ich benutze den Begriff Dimensionen, da das Wort *Kategorien* festgeschriebene Bedeutung impliziert. *Dimensionen* kennzeichnen unter der intersektionalen Perspektive genauer, dass eine Betroffenheit immer individuell ist und nicht als einheitliche Wahrheit festgeschrieben werden kann. Siehe Gliederungspunkt 4.

[3] Der Name bell hooks ist eine Eigenbezeichnung und schreibt sich klein, weil es ihr wichtig ist, auszudrücken, dass den Inhalten mehr Bedeutung zugesprochen wird als der Repräsentation des Namens. Im Folgenden werde ich dies reproduzieren – auch an Satzanfängen.

nissen und der Arbeiterklasse häufig Erfahrungen, dass die Geschichte uns nicht gelehrt hatte, wie man sich hinreichend ausdrückte und auf theoretischer Ebene artikulierte" (hooks 2020: 131).

Doch nicht ausschließlich im Kontext der Universität oder in Institutionen hat diese Statustransformation Auswirkungen, wie auch Eribon aufzeigt:

> *„Alltägliche Probleme und der unübersehbare Kontrast zu anderen Lebensformen weisen einen ständig darauf hin, zu welcher Klasse man gehört, was man ist und was man nicht ist"* (Eribon 2016: 95).

> *„Während es für* weiße *Leute aus armen Verhältnissen definitiv einfacher war, sich zumindest visuell anzupassen, erlebten wir alle die Entfremdung von unserer ursprünglichen Klasse und hatten darüber hinaus Angst, den Kontakt zu jener Welt zu verlieren, die uns am engsten vertraut war"* (hooks 2020: 131).

Wie auch hooks es bei sich beschreibt, habe ich ebenso lange mit der Transformation meiner Position gekämpft und dafür unterschiedliche Anpassungsprozesse strategisch eingesetzt. Deswegen erscheint es mir als bedeutende Aufgabe, die Ausarbeitung dieses Buches dem zu widmen, was mich geformt hat und woraus sich mein innerlicher

Antrieb herleiten lässt, die vielen Hürden zu meistern – besonders aus der erlangten Machtposition ist es mir wichtig, Perspektiven zu entwickeln, die einen Teil zur Befreiung beitragen können.

Um meine Position konkret einordnen zu können, würde ich mich als *weiße,* homosexuelle cis Frau beschreiben, die in Armut aufgewachsen und able-bodied ist.

Dieses Buch baut sich auf, indem zuerst die Entstehung des intersektionalen Konzepts aufgezeigt wird. Dieses entwickelte sich entlang der Kämpfe Schwarzer Feministinnen* und/oder „Frauen* of Color", weshalb eine Darstellung des Konzepts auf ihren historischen Erklärungen erfolgt.

Denn wie die Historie gezeigt hat, haben sich *weiße* Feministinnen* die Geschichte angeeignet und aus ihren Positionen die Geschichte erzählt und definiert, weshalb ich mit meiner Arbeit die Macht nutzen möchte, durch die mir gegebene Schreibfläche Repräsentationen zu schaffen, um auf der Grundlage ihrer Zitate zu beschreiben, welche Momente für die Gründung des intersektionalen Konzepts herausstechen. Dazu nutze ich das Buch der Herausgeberin Natasha A. Kelly (2019) *„Schwarzer Feminismus – Grundlagentexte".* Das Buch ist eine *„Zusammenstellung relevanter Texte der westlichen Erzählung des Schwarzen Feminismus"* (Kelly 2019: 8f.). Den Ausgangspunkt markiert die Rede von Sojourner Truth (1851)[4] und weiterführend werden kritische Essays hinzugefügt, die die Rede genauer beleuchten, wie von den Autorinnen Angela Davis, The Combahee River Collective, bell hooks, Audre Lorde, Barbara Smith, Kimberlé Crenshaw und Particia Hill Collins.

Auf dieser Basis komme ich zu einem Strukturmodell. Das Konzept des *„praxeologischen intersektionalen Mehrebenenansatz[es]"* (Winker 2012: 13) von Degele und Winker stellt die Wechselwirkung zwischen Strukturen (Institutionen), symbolischen Repräsentationen und der Identität – unter dem Aspekt der Unterdrückung – dar. Dadurch wird der Fokus nicht allein auf die unterdrückten Individuen gelegt, sondern in einen Kontext gesetzt. Degele und Winker entwickelten ihr Konzept als Forschungsmethode, um die gesamte Lebensrealität von Individuen zu erfassen. Sie arbeiteten zudem heraus, welches die Auswirkungen sind, in denen auch Unterdrückte unterdrückerisch handeln (vgl. Degele und Winker 2007: 2ff.). Dieses ist ein bedeutender Faktor im Konzept der Intersektionalität, denn Menschen haben unterschiedliche Positionen und verfügen in unterschiedlichen Momenten über Zugänge oder auch nicht.

---

[4] Kelly fügt hinzu, dass Truth nicht lesen und schreiben konnte und der dargestellte Text sich auf die aufgearbeitete Fassung von der Frauen*rechtlerin Frances Gage (1858) beruft.

Daran anschließend (Gliederungspunkt 4.) werden die eigens erlebten Perspektiven in den Fokus gesetzt, um diese im Kontext der Auseinandersetzung wahrzunehmen und zu repräsentieren. Es werden unterschiedlichste Personen, die in der Regel durch Mehrfachdimensionen betroffen sind, vorgestellt.

Die Analyseebenen von Degele und Winker werden damit von einer objektiven Beschreibung in den subjektiven Kontext eingeordnet und es zeigen sich die konkreten Auswirkungen. Dies ermöglicht es, ein Verständnis für Positionierungen in der Gesellschaft zu erlangen und die Rolle Sozialer Arbeit zu reflektieren. Daraus können Schlüsse für die Haltung und das Handeln gezogen werden. Es ist darauf hinzuweisen, dass die meisten Personen, die die Darstellungen des subjektiven Erlebens aufzeigen, im akademischen System verortet sind und damit über weit mehr Ressourcen verfügen als viele andere. Zu den vorgestellten Personen zählen zum Beispiel die Literaturwissenschaftlerin bell hooks, der Schwerhörigen- und Gehörlosenpädagoge sowie evangelische Theologe Lars Bruhn und der Schwerhörigen- und Gehörlosenpädagoge sowie Wirtschafts- und Geschichtswissenschaftler und evangelische Theologe Jürgen Homann, der Autor, Philosoph, Journalist und Soziologe Didier Eribon und die Journalistin und Schriftstellerin Fatma Aydemir. Die Benennung soll kein Ausdruck dafür sein, welches die repräsentativsten Personen sind, sondern eine Einordnung ermöglichen. Denn alle Personen, die in diesem Gliederungspunkt vorkommen, sind inhärent wertvoll für die Darstellung des Konzepts der Intersektionalität. Abschließend wird die Funktion Sozialer Arbeit dargestellt.

> *„Die im Bereich der Sozialen Arbeit Tätigen in Praxis und Wissenschaft beschäftigen sich gerade nicht mit den sogenannten normalen Menschen, sondern mit den Anderen, den Älteren, den migrantischen Mädchen oder Jungen, den Jugendlichen ohne Ausbildung, den Ärmeren, den Asylbewerber_innen, den Drogen gebrauchenden, allgemeiner gesagt den mit spezifischen Problemlagen behafteten und damit häufig an den gesellschaftlichen Rand gedrängten Menschen"* (Winker 2012: 13).

Winker spricht in diesem Zitat recht deutlich die professionellen Personen der Sozialen Arbeit an, die einen Umgang mit den ihnen zugeordneten Adressat:innen finden müssen – nämlich angemessen auf ihre Problemlagen zu reagieren und diese zu verstehen. Soziale Arbeit ist im Sozialstaat dafür zuständig, Problemen entgegenzuwirken[5], die durch das kapitalistisch geführte System entstehen

---

[5] Hierbei spreche ich aus einer eurozentristischen Perspektive und beziehe mich auf meinen Erfahrungsraum, der lediglich den europäischen Kontinent einschließt.

sowie auch durch die Wechselwirkung zur Gesellschaft, und gleichzeitig re_produziert[6] sie jedoch auch Ungleichheiten. Dies zeigt sich zum Beispiel in Form von Chancen(un)gleichheit. Durch ungleiche Voraussetzungen (Chancen), die die Zugänge in verschiedenste Systeme (beispielsweise Schule oder Arbeitsmarkt) begrenzen, versucht der Staat, Möglichkeiten zu konzeptionieren, die Teilhabe durch Unterstützung zu erreichen. Dass die Chancengleichheit nicht im vollen Maß gewollt ist und auch nicht erreicht wird, zeigt sich im Laufe dieser Arbeit. Doch sind Sozialarbeiter:innen nicht bloße Empfänger:innen von Arbeitsaufträgen, sondern stellen auch eine politische Kraft dar. Die Verknüpfung des intersektionalen Ansatzes mit der Sozialen Arbeit ist hierbei von erheblicher Bedeutung, denn zum einen ist es ein Ansatz, der analytisch benutzt werden kann, um auf das System beziehungsweise auf Strukturen sowie die Gesellschaft zu blicken und diese zu betrachten, und zum anderen ist es eine Handlungsoption, die in unserer Haltung gegenüber Adressat:innen, Gesellschaft und Politik zum Ausdruck kommen kann. Das Konzept bietet zudem die Möglichkeit,

„[...] Praktiken [ganzheitlich] auf die Lebenschancen und Lebenssituationen von

---

[6] Produktion und Reproduktion sind in der Regel nicht voneinander zu trennen und bedingen sich gegenseitig, deswegen wird das Wort im Folgenden „Re_Produktion" geschrieben.

Menschen [zu zentrieren], die unabhängig von ihren Quellen ihrer Not Fürsorge erfahren sollen" (Crenshaw 1989. Zitiert in: Kelly 2019: 183).

Als einen Lösungsansatz führe ich exemplarisch die Kernthesen von Paulo Freire (1973) an.

2. Was bedeutet Intersektionalität?

Natasha A. Kelly (2019) sagt, dass die Geschichte des Feminismus im deutschsprachigen Raum eine Geschichte ist, die zumeist von *weißen* Frauen* erzählt und dargestellt wird. Die Entwicklung des Konzepts der Intersektionalität wurde jedoch vor allem durch Schwarze Frauen* hervorgebracht, was häufig unbenannt bleibt (vgl. Kelly 2019: 7). Deswegen wird die Erklärung dieses Konzepts chronologisch von Zitaten Schwarzer Frauen* erklärt. Dabei fokussieren die Texte hauptsächlich die Betrachtung der Dimension von Frauen* und Schwarzen Menschen und welche Konsequenzen sich für Schwarze Frauen* daraus ergeben. Das Konzept der Intersektionalität richtet sich gegen folgende Dimensionen, die Lorde wie folgt beschreibt:

> *„Rassismus, Glaube an die inhärente Überlegenheit einer* Race *gegenüber allen anderen und damit Recht auf Dominanz. (Cis- und Hetero-)Sexismus, Glaube an die Überlegenheit eines Geschlechts oder einer Sexualität über und damit Recht auf Dominanz. Altersdiskriminierung. Elitismus. Klassismus"* (Lorde 1984. Zitiert in: Kelly 2019: 109).

Das Konzept wirkt auf der Grundlage einer kritischen Analyse auf einen Kampf um Befreiung hin.

Der Begriff Intersektionalität wurde in den 1970er Jahren durch die Arbeit von Schwarzen Feminist:innen entwickelt und auch aus ihren Analysen hervorgebracht. Diese Zeitspanne und das Betrachten des heutigen Zustandes verdeutlichen die fortwährende Bedeutung. Das Verständnis von singulären Unterdrückungsdimensionen existiert bereits länger und stellt ein historisch anhaltendes, strukturelles Problem dar. Das Konzept versucht, diesem entgegenzuwirken und durch eine genauere Analyse neue Perspektiven auf Mehrfachunterdrückung zu entwickeln.

Angela Davis (1971) stellt auf eindrückliche Weise in dem Text *„Reflexionen über die Rolle der Schwarzen Frau* in der versklavten Commu-*

nity" heraus, was es bedeutet, Schwarz zu sein und ebenso eine Frau*. Dazu fokussiert sie die Zeit der Versklavung in den USA und zeigt die mehrdimensionale Diskriminierung und Unterdrückung auf. Davis (1971) arbeitet heraus, was die Grundlage für den Kampf um Befreiung Schwarzer Frauen* ist.

> *„Schwarze Menschen wurden gezwungen, sich zu verhalten, als seien sie »unorganisatorische Produktionsbedienungen«. Denn in der Versklavung wurde […]"(Davis 1971:23) „[...] »die Persönlichkeit von der verkommenen Idee von Eigentum verschlungen – der Mensch wurde zum beweglichen Eigentum.«" (Douglass 1962: 96, zitiert nach: Davis 1971: 23).*

Aus dem Zitat lässt sich entnehmen, dass es grundlegend zu einer strukturellen Ausbeutung kam und die Position Schwarzer Menschen dadurch gekennzeichnet war, dass der Status im Zusammenhang zu den Eigentumsverhältnissen definiert wurde. Menschen verkauften nicht ausschließlich ihre Arbeitskraft, sondern sie wurden zu Eigentum gemacht. Dies sticht vor allem im Zusammenhang der Kolonialgeschichte heraus. Dadurch waren Menschen nicht mehr Individuen, sondern lediglich ein Produktionsmittel, was sich über die Produktionsbedingungen definieren ließ.

Diese hegemoniale Betrachtungsweise ist grundlegend, um im Weiteren das Ordnungssystem der Gesellschaft zu analysieren und zu kritisieren.

In einer öffentlichen Auseinandersetzung machte die Frauen*rechtlerin und ehemalige Sklavin Sojourner Truth (1798-1883) auf die historisch resultierende Position Schwarzer Frauen* in den USA aufmerksam. In ihrer Rede argumentierte Truth gegen die sexistische Einstellung von Männern, die Frauen* das Wahlrecht aberkannten. Gleichzeitig brachte sie die Stärke auf, sich innerhalb der Frauen*rechtskonferenz gegen das Zurückgedrängtwerden durch *weiße* Frauen* zu widersetzen. Denn viele von ihnen befürchteten, dass antirassistische Themen von der Forderung des Wahlrechts ablenken würden. Somit drückten nicht ausschließlich Männer ihren Widerstand durch Zwischenrufe aus, sondern auch *weiße* Frauen* gegenüber Schwarzen Frauen*. Als sie reden durfte, kennzeichnete sie ihre Position durch das Zitat: *„Bin ich etwa keine Frau*?"*[7] (Kelly 2019: 16). Mit dieser Frage drückte sie aus, dass in dem Diskurs um „Gender"[8] verloren geht, dass ihre Position nicht ausschließlich dadurch bestimmt wird, dass sie eine Frau* ist, sondern ebenso, dass sie eine Schwarze Frau* ist. (Vgl. Kelly 2019: 16). Die Aussage hätte

---

[7] In ihrer originalen Rede sagte sie: *„Ain't I a Woman*?"*.
[8] In dieser Arbeit meint „Gender" die subjektiv wahrgenommene Genderidentität, nicht das biologische Geschlecht.

die Schlussfolgerung hervorbringen können, dass biologische Zuschreibungen falsch waren, denn sie sprach in ihrer Rede davon, dass sie die gleiche Arbeit leistete wie Männer in der Sklaverei (Vgl. Kelly 2019: 16), jedoch wurde das Argument nicht gewertet, weil ihr zugeschrieben wurde, aufgrund von „*Race*" als Schwarze Frau* nicht für alle Frauen* sprechen zu können. Zum damaligen Zeitpunkt brachte die Rede Konflikte innerhalb der feministischen Bewegung hervor. Die politischen Forderungen waren geprägt von den Interessen der bürgerlichen und *weißen* Mittelschichtsfrauen* und diese vertraten lediglich eine eindimensionale Perspektive. Innerhalb der Diskurse fehlte die besondere Bedeutung, die Schwarzen Frauen* zufiel. Das Bild war geprägt von einer angeblich kollektiven Erfahrung, die ausschließlich dann existierte, wenn sie von *weißen* Frauen* formuliert wurde (Vgl. Crenshaw 1989: 164 ff.).

The Combahee River Collective bezog sich 1977 in seiner Positionierung „*Ein Schwarzes feministisches Statement*" auf Angela Davis' Aussagen und sagte,

> „*[d]ie extrem negative Beziehung zwischen Schwarzen Frauen* und dem politischen System der USA – einem* weißen *männlichen Herrschaftssystem – wurde immer durch unsere Zugehörigkeit zu zwei unterdrückten Kategorien, Race und Gender bestimmt.*" (The Combahee

River Collective 1977. Zitiert in: Kelly 2019: 48).

Und es seien Schwarze Frauen*, die immer Widerstand geleistet hätten. In der Aussage ist ebenso die Kritik formuliert, dass *weiße* Mittelschichtsfrauen* in feministischen Debatten die Diskurse bestimmen und sie den Fokus auf die androzentristische[9] Anordnung der Gesellschaft legen. Für Schwarze Frauen* bedeutete es, dass ihre Rassismuserfahrungen nicht wahrgenommen wurden und aus antisexistischen Aktivitäten somit immer wieder Rassismus re_produziert würde. Diese Aussage definiert die Grundlage für das intersektionale Konzept und kennzeichnet die ersten zwei Dimensionen. Jedoch erweitert das Kollektiv Angela Davis' Aussage, indem es sich selbst wie folgt beschreibt:

> *„Wir setzten uns aktiv dafür ein, gegen rassistische, sexistische, heterosexistische und klassistische Unterdrückung zu kämpfen, und sehen es als unsere spezielle Aufgabe, eine integrierte Analyse und Praxis zu entwickeln, die auf der Tatsache beruht, dass die Hauptunterdrückungssysteme miteinander verschränkt sind. Unsere Lebensbedingungen entstehen aus der Synthese dieser Unterdrückungs-*

---

[9] Meint, dass sich das System auf Männlichkeit ausrichtet und Männer als Zentrum betrachtet.

formen" (The Combahee River Collective 1977. Zitiert in: Kelly 2019: 48).

Das darin enthaltene Wort „verschränkt" drückt dabei die Kernthese des Konzepts der Intersektionalität aus. Es sollen nicht die einzelnen Dimensionen fokussiert und gedacht werden, sondern sie sollen gemeinsam wahrgenommen werden. Zudem wird an dem Zitat deutlich, dass es sich um Menschen handelt, die unterdrückt werden und durch negative Stigmata in den Kampf treten müssen, um die Gesellschaft zu befreien.[10]

bell hooks verdeutlicht die Verschränkung der Dimensionen im Kapitel „Schwarze Frauen* und Feminismus" (1982):

> *„Die Organisationen weißer Frauen* konnten ihre Aufmerksamkeit auf Themen wie Bildung, Wohltätigkeit oder die Gründung literarischer Gesellschaften richten, während sich Schwarze Frauen* mit Problemen wie Armut, Betreuung von älteren Menschen mit Behinderung[11] oder Sexarbeit befassten"* (hooks 1982. Zitiert in: Kelly 2019: 69).

---

[10] Wie der Kampf um Befreiung ausgestaltet werden kann, wird im Gliederungspunkt 5.3 näher erläutert, unter dem Konzept von Paulo Fraire.

[11] Mit der Reproduktion des Wortes muss erläutert werden, dass es sich hierbei um eine sozial konstruierte Position handelt. Die körperlichen Merkmale werden als „Beeinträchtigung" beschrieben und werden erst durch die symbolische Reproduktion zu einer Behinderung.

An dieser Aussage wird deutlich, dass es einer mehrdimensionalen Perspektive bedarf, die die Lebensrealität umfangreicher darstellt. In einer singulären Betrachtung entstehen Situationen und Strukturen, die weiterhin Unterdrückung hervorrufen, indem Menschen unsichtbar gemacht werden. Ebenso geschieht dies, wenn ausschließlich die privilegiertesten Personen einer Gruppe als Anhaltspunkt wahrgenommen werden, dann werden prekäre Positionen nicht sichtbar (Vgl. Crenshaw 1989: 144). Dies zeigt sich an hooks' Aussage. Dazu kann das Beispiel des Wahlrechts in den USA angeführt werden, welches den *„Status Schwarzer Frauen* in keiner Weise veränderte"* (hooks 1982: 77), weil es sich vor allem an *weiße* Frauen* richtete. In der Zeit des Arbeitskräftemangels in den Kriegsjahren wurden erkämpfte Zugänge zum Arbeitsmarkt weniger durch Differenzkategorien (wie *Race*) begrenzt. Nach dem Ende dessen wurden Schwarze Menschen jedoch wieder aus den besser gestellten Berufen ausgeschlossen, weil die w*eißen* Personen um ihre Positionen fürchteten (Vgl. hooks 1982: 77f.). Dieses Beispiel zeigt auf, dass die Abhängigkeit zu den Lohnverhältnissen weiterhin bestehen bleibt und die Zugänge zum Arbeitsmarkt je nach Wirtschaftslage ausgrenzend wirken.

bell hooks' Definition über Feminismus weicht – unter diesen dargestellten Aspekten – von der *weißer* Frauen* ab. Für sie bedeutet der politische

Kampf um Befreiung nicht ausschließlich, die Vormachtstellung von Männern gegenüber Frauen* zu bekämpfen und eine Gleichstellung zu bewirken, für hooks bedeutet es

> „[...] die Beseitigung der Ideologie der Dominanz, von der die wesentliche Kultur auf verschiedenen Ebenen – Gender, Race und Klasse, um nur einige zu nennen – durchdrungen ist, und den Kampf für die Umgestaltung der US-amerikanischen Gesellschaft, damit die Selbstentfaltung der Menschen über den Imperialismus, die wirtschaftliche Expansion und materielle Wünsche Vorrang gewinnen" (hooks 1982. Zitiert in: Kelly 2019: 104).

An ihrer Aussage wird deutlich, dass der Mensch und dessen Befreiung das größte Bestreben von Gesellschaften sein sollte. Jedoch kann aufgrund der kapitalistischen Ausrichtung impliziert werden, dass die Markierung als Arbeitskraft den Menschen ausmacht – sowie die kostenlosen Re_Produktionsarbeiten (Vgl. hooks 1982: 104). Re_Produktion meint die Gründung und Fürsorgearbeit in der Familie. Aus dieser Perspektive muss zwangsläufig die Schlussfolgerung gezogen werden, dass die kapitalistischen Interessen eine segregierte Gesellschaft wollen und benötigen. Genau dies beschreibt auch Audre Lorde zwei Jahre später in ihrem Text „*Alter,* Race *und Gender: Frauen** *definieren ihre Unterschiede neu"*. Darin sagt sie, dass

> *„[i]n einer Gesellschaft, in der Wohlstand mit Blick auf Profite und nicht als menschliches Bedürfnis definiert wird, [muss] es immer eine Gruppe geben [...], die sich aufgrund systematisierter Unterdrückung überschüssig fühlt und den Platz der Entmenschlichten einnimmt. In dieser Gesellschaft sind das Schwarze Menschen, Menschen des Globalen Südens, die Arbeiterinnenklasse, ältere Menschen und Frauen*"* (Lorde 1984. Zitiert in: Kelly 2019: 108).

Auch hierin wird wieder deutlich, dass das kapitalistische System, welches institutionell verankert ist, für Ungleichheiten sorgt. Die Individuen sind davon betroffen – dies nicht ausschließlich eindimensional – und die Gesellschaft re_produziert die Verhältnisse. Lorde beschreibt dies auch als Kultur, in der es *„unter- und übergeordnete Gruppen"* (Lorde 1984: 109) gibt. Sie sagt, dass es nicht die Unterschiede sind, die Menschen voneinander trennen, sondern dass die Fremdwahrnehmung bestimmt, wer Subjekt ist, und daran bestimmte Erwartungen gestellt werden, respektive Positionen vergeben werden. Dies beschreibt noch einmal deutlich die Wirkung der Gesellschaft, welche von Individuen eine Anpassung verlangt oder sie ansonsten sanktioniert (Vgl. Lorde 1984: 108f.).

Kimberlé Crenshaw (1989) beschreibt, dass es nicht ausschließlich zu einer Über- und Unterordnung kommt, sondern das das Problem in der dogmatischen Gegenüberstellung von Gruppen liegt. Diese Feststellung kann auf die kategoriale Einordnung zurückgeführt werden. Gruppen, die nicht benannt werden, gelten als normativ und ihnen werden die Unterdrückten gegenübergestellt, wie beispielsweise in der Kategorie *Race* „weiß und Schwarz" oder unter den Geschlechtern „Mann und Frau*". Crenshaws erstmalige Benennung der Intersektionalität rührt aus dem juristischen Verständnis, dass Anklagen von Schwarzen Frauen* ausschließlich aufgrund von Sexismus oder aufgrund Rassismus gestellt werden können.[12] Sichtbar macht sie dies an der Definition von Diskriminierung unter den Antidiskriminierungs-rechten.

> *„Unrechtmäßige Diskriminierung beruht auf der Identifizierung einer spezifischen Zielgruppe oder Kategorie; entweder identifiziert eine diskriminierende Partei diese Kategorie vorsätzlich oder es wird*

---

[12] Crenshaw betrachtete hierzu drei Titel-VII-Fälle vom Civil Rights Act (1964). Übersetzerin Céline Barry erklärt, daß dies Fälle sind, *„in denen Arbeitnehmer*innen wegen Diskrimi-nierung aufgrund von* Race, Religion, Gender *oder Nationalität gegen Arbeitgeber*innen klagten"* (Crenshaw 1989: 146).

ein Prozess veranlasst, der alle Mitglieder dieser Kategorie auf irgendeine Weise benachteiligt" (Crenshaw 1989. Zitiert in: Kelly 2019: 160).

Das Problem, was daraus resultiert, ist, dass diese Kategorien ausschließlich einzeln gesehen werden und Menschen, die mehrfach diskriminiert werden, strukturell unsichtbar bleiben. Ebenso kommt die Betroffenheitsperspektive zum Vorschein und der normative Status (wie zum Beispiel *weiß* oder männlich sein) bleibt unbenannt. Damit wird Benachteiligung zwar sichtbar, aber es fehlt an einer Auseinandersetzung mit den Privilegien und der daraus resultierenden Vormachtstellung (Vgl. Crenshaw 1989: 160).

Um der Eindimensionalität entgegenzuwirken, sagte Kimberlé Crenshaw (1989) in dem Vortrag *„Das Zusammenwirken von Race und Gender ins Zentrum rücken":*

„Stellen Sie sich im Vergleich den Straßenverkehr auf einer Kreuzung (intersection) *vor, es gibt ein Kommen und Gehen in alle vier Richtungen. Wie der Verkehr an einer Kreuzung läuft Diskriminierung vielleicht in die eine Richtung, vielleicht in eine andere. Passiert an der Kreuzung ein Unfall, kann dieser von Autos verursacht worden sein, die aus unterschiedlichen Richtungen kommen, manchmal aus allen Richtungen. Ähnlich kann eine Verletzung, die eine*

Schwarze Frau an der Kreuzung, der* Intersektion, *erfährt, durch rassistische oder sexistische Diskriminierung verursacht worden sein"* (Crenshaw 1989. Zitiert in: Kelly 2019: 158).

Sie drückte damit aus, dass Schwarze Frauen* ähnliche negative Erfahrungen machen wie *weiße* Frauen* oder Schwarze Männer*. Jedoch schlussfolgerte sie, dass Schwarze Frauen* oft „doppelter" Diskriminierung ausgesetzt sind und es zu einer Kombination dessen kommt. Wenn sie genau als Schwarze Frauen* Diskriminierung erfahren und unabhängig der vereinzelnden kategorischen Einteilung (in beispielsweise *Race* oder Gender) diskriminiert werden, dann müssen diese Erfahrungen genau in diesem Sinne erfasst werden (Vgl. Crenshaw 1989: 158f.).

Crenshaw (1989) kritisiert das US-Amerikanische Diskriminierungsverständnis, welches das System stützt und in den Institutionen verankert ist. Mehrdimensionale Diskriminierung wird strukturell immer noch nicht berücksichtigt. Die Gesellschaft re_produziert die Aufrechterhaltung von Unterdrückungsverhältnissen, indem sie es zum einen rechtfertigt und zum anderen hegemoniale Macht auf das Individuum ausübt. Diskriminierung wird damit als individuelles Problem gekenn-zeichnet und nicht als Problem, welches die Gesellschaft beheben muss.[13]

3. Sichtbarkeit und Wirkungsweisen von Unterdrückung

Im deutschsprachigen Raum haben Nina Degele und Gabriele Winker das Intersektionale Konzept weiterentwickelt. Grundlegend gehen sie von einer profitmaximierenden Gesellschaft aus, in der ökonomische Faktoren fokussiert werden (Vgl. Degele[14]). Es wird in der Sozialen Theorie zwar davon ausgegangen, dass Menschen sich durch Sozialisationsprozesse kommunikativer Art formen und darin eigenständig Entscheidungen treffen können respektive müssen. Nach Luhmann werden die Entscheidungen an Verhaltensweisen und Meinungen in Form von *„Konformität oder Abweichung, Anpassung oder Widerstand"* (Luhmann 2018, zitiert nach: Bommes und Scher 1996: 103) gefällt. Doch diese genannten Gegensätze stellen lediglich ein Spektrum an Handlungsoptionen dar, denn sie sind mit der Ausgangs-

---

[13] Siehe Gliederungspunkt 5.
[14] Siehe Gliederungspunkt 2.

position und den Bedingungen, an der Gesellschaft partizipieren zu können, verknüpft. Deswegen muss die Analyse sich zwangsläufig antikapitalistisch ausrichten, um bei den Voraussetzungen anzusetzen.

Freire äußerte bereits 1973 in seiner Kritik an den bestehenden Verhältnissen, dass es durch die hegemonialen Anordnungen strukturelle Probleme gibt, die durch die omnipräsenten Machtstrukturen wirken.

> *„Gewalt wird von denen angezettelt, die unterdrücken, die ausbeuten, die es versäumen, andere als Personen anzuerkennen – nicht aber von denen, die unterdrückt, ausgebeutet und nicht anerkannt sind. Es sind nicht die Ungeliebten, die die Abneigung schaffen, sondern die, die nicht lieben können, weil sie nur sich selbst lieben. Es sind nicht die Hilflosen, die dem Terror Unterworfenen, die den Terror anzetteln, sondern die Gewalttätigen, die mit Hilfe ihrer Macht die konkrete Situation schaffen, die die «vom Leben Verworfenen» zeugt. Es sind nicht die Tyrannisierten, die den Despotismus zeugen, sondern die Tyrannen. Es sind nicht die Verachteten, die den Haß [sic] hervorbringen, sondern die, die verachten. Es sind nicht die, denen die Menschlichkeit verweigert wird, die den Menschen ablehnen, sondern die, die diese Menschlichkeit verweigern (und damit ihre eigene genauso negieren).*

In dem Zitat wird deutlich, dass es ein hegemoniales Gefälle in unserer Gesellschaft gibt, welches von oben herab wirkt. Ebenso kann durch die Benennung dessen impliziert werden, dass die Strukturen nicht sichtbar sind oder nicht thematisiert werden. Um den Aspekt genauer aufzuschlüsseln, wird im Folgenden auf die Analyse von Degele und Winker eingegangen. Diese eröffnen, dass Unterdrückung vor allem aus drei Perspektiven betrachtet werden muss. Durch die Methode ist es möglich, der individuellen Betroffenheit, die aus der kapitalistischen Struktur resultiert, gerecht zu werden.

Degele und Winker stellen fest, dass *„Geschlecht, Klasse und [Race] [...] in der Geschlechter-, Ungleichheits-, und Migrationsforschung als zentrale Kategorien der Unterdrückung [gelten]"* (Degele und Winker 2007: 2), jedoch sind *„Alter, (Dis)Ability, Religion oder Nationalität [...] aber prinzipiell integrierbar"* (Degele und Winker 2007: 3). Diese Kategorien werden im Folgenden als Dimensionen bezeichnet. Wenn Intersektionalität die Betrachtungsweise ausmacht und die Perspektive des

Individuums wahrhaft dargestellt werden soll, dann muss anerkannt werden, dass Unterdrückungsmechanismen nicht vergleichbar sind, sondern sich immer verschieden ausdrücken respektive erlebt werden.

Die Kategorien werden durch die symbolische Re_Produktion hervorgebracht, also indem die Gesellschaft Normen und Werte aushandelt und festsetzt. Sie als Kategorien zu benennen, bedeutet, dass Diskriminierung und Unterdrückung Menschen zu einer homogenen Gruppe formt. Crenshaw[15] (1989) beschreibt ebenso, dass unter dem Begriff Kategorien im Antidiskriminierungsparadigma die feste Zuordnung zu einer Gruppe gemeint ist (Vgl. Crenshaw 1989: 149). In der Analyse folgt daraufhin, dass lediglich die privilegiertesten Mitglieder einer Gruppe sichtbar gemacht werden (Vgl. Crenshaw 1989: 144).

Die Verwendung der Kategorie ist dann notwendig, wenn es sich um explizite Forderungen aus dieser Gruppe handelt – Unterdrückte den Diskurs einfordern – oder die symbolische Re_Produktion mit ihrer Wechselwirkung zu anderen Ebenen kritisiert wird. Das Wort Kategorien ist singulär zu verstehen. Wenn der Untersuchungsgegenstand das Machtverhältnis und Hegemonie ist, dann stellt das Wort Dimensionen dar, dass Menschen auch plural betroffen sein

---

[15] Siehe Gliederungspunkt 2.

können, ihre kategorischen Zuschreibungen wirken sich mehrfach belastend auf sie aus. Diese Vorgehensweise impliziert, dass Menschen nicht objektiviert werden können.

Die Kategorien können sich im intersektionalen Ansatz immer unterscheiden. Ist die Analysekategorie beispielsweise Geschlecht, sagt dies nichts darüber aus, dass Unterdrückung auch aus anderen Zuschreibungen erfolgt. In der Bezeichnung Dimensionen von Frauen* wird sichtbar, dass die Kategorie Frau* gemeint ist und ebenso andere Unterdrückungsformen ausgeübt werden. Identitäten sind immer auch von Privilegien gekennzeichnet, dadurch können Menschen gleichzeitig unterdrückt sein und ebenso unterdrückerisch wirken (Vgl. Freire (a) 1973: 53).

Wenn über Unterdrückung, Diskriminierung und Ausbeutung gesprochen wird, müssen Menschen in ihrer Diversität[16] betrachtet werden und Anerkennung erfahren. Dabei sind sie nicht zwangsläufig singulär betroffen, sondern tragen ihre vielseitigen Prägungen in sich. Zudem können sich Kategorien bedingen oder durch Ausschlüsse hervorgebracht werden, wie die fehlende Anerkennung von „Frauen*" in der Re_Produktion

---

[16] Diversität bezeichnet die Heterogenität und Vielfältigkeit der Menschheit. Unter dem Begriff werden die Wahrnehmung und die Anerkennung unterschiedlicher Lebensrealitäten hervorgehoben. Im hier verwendeten Kontext meint das Wort eine machtkritische Perspektive, die sich von kapitalistischen Interessen distanziert.

die Zuschreibung zur „Klasse" mit wenigen Privilegien zur Folge haben kann. Deswegen erscheint es auch als bedeutsam, ganz im Sinne einer intersektionalen Perspektive diese als Dimensionen zu bezeichnen. Das Wort Dimension soll jedoch nicht intransparent machen, dass die Kategorien aus einem historischen Kontext entstanden sind und ebenso als Mittel des politischen Kampfes genutzt werden müssen.

Im Folgenden wird dargestellt, welche Ebenen im intersektionalen Ansatz analysiert werden müssen, um eine umfassende Perspektive der Auswirkungen von Diskriminierung und Unterdrückung erlangen zu können. Dazu stellen Degele und Winker (2007) drei Ebenen heraus.

3.1 „Sicherung sozio-ökonomischer Bedingungen"

> *„Voraussetzung für die strukturelle Aufrechterhaltung kapitalistischer Gesellschaften ist neben der Sicherung der sozioökonomischen Produktionsverhältnisse und der Wiederherstellung der Produktionsmittel auch die möglichst kostengünstige Reproduktion der Arbeitskräfte"* (Winker 2012: 16).

In dem Zitat werden vor allem zwei Bereiche sichtbar. Zum einen ist die Re_Produktion gemeint, die durch Frauen* und ihren Anteil an der Gründung, Bildung und Aufrechterhaltung von Familiensystemen ausgeführt wird. Denn diese Arbeit erfolgt im kapitalistischen System unentgeltlich, ohne Anerkennung und mit minimaler Rücksicht auf die leistende Person. Zum anderen analysieren sie:

> *„[D]ie Kategorien Klasse,* [Race] *und Körper differenzieren und regeln den Zugang zum Erwerbsarbeitsmarkt, die ungleiche Verteilung von Löhnen und Gehältern sowie die möglichst kostengünstige Reproduktion der Arbeitskraft"* (Degele und Winker 2007: 9).

Durch diese Differenzkategorien werden ungleiche Positionen re_produziert.

Degele und Winker nennen diese Ebene auch die *„gesellschaftlichen Strukturen inkl. Institutionen (Makroebene)"* (Degele und Winker 2007: 8). Damit wird noch einmal deutlich, dass die Institutionen und Gesellschaftsstrukturen gemeint sind, und es kann eine Analyse vorgenommen werden, die unabhängig von Staaten und Nationen ist. Jedoch wird hier davon ausgegangen, dass es sich um Gesellschaften handelt, die vorwiegend kapitalistisch strukturiert und dominierend sind. Die Mechanismen der Differenzierung sind strukturell verankert. May (2012) kritisiert, dass sich die Re_Produktion im Zuge der Industrialisierung hin zu einer Teilung in die Bereiche „Privat" (Reproduktion) und „öffentlich" („Produktionssphären") geteilt hätte. Er befürwortet die Re_Produktionstheorie von Marx, die auch im Konzept von Degele und Winker gedacht wird. Damit meint er, dass Re_Produktion – sowohl der Familie als auch von Arbeitskräften – durch die materielle Abhängigkeit der Bereiche zusammen gedacht werden muss. Die Bereiche sind voneinander abhängig und die kapitalistische Verwertungslogik ist immanent. Die Überschneidungen der Bereiche machen es daher schwer, sie voneinander zu trennen (Vgl. May 2012: 40f.). In Teilen macht sich dies bemerkbar und deutsche Bundesländer reagieren darauf, beispielsweise in Form von kostenlosen Kita-Plätzen. Doch diese Maßnahmen sind nur kleine Ansätze und es besteht trotz dessen noch eine Separierung zwischen „Care-Arbeit" und „Lohnarbeit". Ohne die strukturelle Unterdrückung[17] würden im Sozialstaat schwerwiegende Krisen auftreten, die eine Reaktion in Form von Stabilisierungsleistungen erfordern, die die Ordnung aufrechterhalten (Vgl. Lessenich 2013: 54ff.). Deswegen besteht aus staatlicher Perspektive das Interesse, die Ungleichheitsverhältnisse und die Re_Produktion dessen zu wahren (Vgl. Degele und Winker 2007: 8).[18]

---

[17] Zugespitzt gesagt „die Ausbeutung".
[18] Siehe Gliederungspunkt 5.

Die gegensätzlichen Positionen zwischen Unterdrückten und Unterdrücker:innen zeigen auf, dass der Staat in seinen Funktionen sowohl Gruppen von Bürger:innen in Form von Privilegien ermächtigt und andere in Form von Diskriminierungen benachteiligt. Dabei ist zu benennen, dass jeder Mensch, der in dieser Gesellschaft lebt, das System prägt und re_produziert. Zudem lässt sich nicht pauschal sagen, dass jeglicher Eingriff von der Struktur (des Staats) negativ zu werten ist. Dies gilt insbesondere für Menschen, die im großen Umfang von den Vorgaben profitieren, weil ihre Interessen umgesetzt werden, beispielsweise profitiert im Bildungssystem die Mittelschicht im großen Umfang von den Vorgaben (Vgl. Lessenich 2013: 10ff.).

3.2 „Symbolische Re_Produktion der sozioökonomischen Verhältnisse"

Diese Ebene wird von Degele und Winker auch *„kulturelle Symbole (Repräsentationsebene)"* (Degele und Winker 2007: 9) genannt. „Kultur" meint in diesem Sinne die Ordnungsstruktur der Gesellschaft. „Symbole" beschreiben dabei die Merkmale, die ein Subjekt benötigt, um Wirkung ausüben zu können und Anerkennung zu erfahren.

Für Individuen, die über wenig sozio-ökonomische Ressourcen verfügen, bedeutet dies, dass sie „[...] *die Eigentums- und Verfügungsrechte an den Produkten ihrer Arbeit an KapitalistInnen und ManagerInnen verlieren [...]"* (Degele und Winker 2007: 9), um im kapitalistischen System durch die symbolische Re_Produktion Anerkennung zu erfahren. Sie sind damit nicht frei, sondern stehen immer in einer Abhängigkeit zu ihren Lohnverhältnissen. Über die Beziehung können sie einen positiv geprägten Status und Privilegien erhalten und diese zum Ausdruck bringen. Die Bedeutung dessen kommt im folgenden Zitat zum Ausdruck:

> *„Damit erhalten Normen, Ideologien und Repräsentationen den Status hegemonial abgesicherter Begründungen, und diese wiederum beruhen auf naturalisierenden und/oder hierarchisierenden Bewertungen auf der Grundlage vielfältiger Differenz-kategorien"* (Degele und Winker 2007: 9).

Es lässt sich aufzeigen, wie hegemoniale Macht produziert wird.

Alle Menschen re_produzieren die Verhältnisse und damit sind auch diejenigen gemeint, die unter spezifischen Unterdrückungen leiden. Die Identität wird nicht ausschließlich durch Unterdrückungs-erfahrungen geprägt, sondern alle Menschen tragen auch Privilegien in sich. Individuen, die sich in kapitalistischen Gesellschaften sozialisieren, können sich nicht davon freisprechen, diese Mechanismen internalisiert zu haben (Vgl. Winker 2012: 22).

Die Wechselwirkung zur strukturgebenden Ebene zeigt auf, dass die Zugänge zum Arbeitsmarkt und den Produktionsbedingungen Individuen dadurch gewährt werden, welche Anerkennung sie durch ihren Status bekommen, dadurch wird deutlich, dass dieser schwer aufzuwerten ist. Daraus resultiert, dass eine strukturelle Unterdrückung durch fehlende Zugänge und mangelnde Ressourcen stattfindet. Schließlich führt es dazu, dass von der Gesellschaft und dem Umfeld Sanktionierungen ausgeübt werden. Bezogen auf den Sozialstaat, kann dieser nicht unabhängig gedacht werden, denn es sind zwei Perspektiven zu beachten. Der Staat ist ein administratives System, welches die Interessen der vermeintlichen Mehrheitsgesellschaft vertritt, und andererseits wird er durch alle Subjekte, die in ihm wirken, geformt. Durch diese Macht wird

„[d]as Wohlergehen des ›doppelt freien‹ Individuums in die Verantwortung »der Gesellschaft« gelegt, unter ihren Schutz – und damit, gleichursprünglich und gleichermaßen, unter ihre Kontrolle – gestellt" (Lessenich 2013: 16).

Kollektive Kontrolle soll folglich die Individuen aktivieren. Der Kollektivgedanke sorgt für den Zwang, im bestehenden System und für die Gemeinschaft produktiv sein zu müssen.

> *"»Sozial« ist (bzw. wird) hier, was im Interesse der Allgemeinheit geschieht. »Sozial« ist der bzw. die Einzelne, wenn, soweit und solange er/sie Eigenverantwortlichkeit, Selbstsorge und proaktives Verhalten zeigt – im Sinne und Dienste »der Gesellschaft«"* (Lessenich 2013: 16).

Dieser Aspekt bedeutet für Subjekte, dass sie dem Selbstzwang unterliegen und dabei der Kontrolle ihrer Mitmenschen ausgesetzt sind. Genau in dieser Wechselwirkung beschreiben Degele und Winker die symbolische Repräsentation. Denn diese meint die Wechselwirkung und Bewertung zwischen der Makro- und Mikroebene. In diesem Prozess kennzeichnen Merkmale das Individuum und eine Struktur wird durch den Staat und die Institutionen vorgegeben. Die Aspekte, die dem Individuum Anerkennung verleihen können, sind Privilegien und Statuskennzeichen. Subjekte werden an ihren Merkmalen Gruppen zugeordnet und als Bestandteil dieser kaum mehr individuell wahrgenommen. Sie werden als eine homogene Einheit gesehen. Wenn diese Menschen unter Diskriminierung oder

Unterdrückung leiden, werden sie dem gesellschaftlichen Anspruch nicht gerecht, respektive gerecht werden können. Um die Bedeutung für das Individuum darzustellen, kommt folgend die letzte Ebene.

3.3 „Identitätskonstruktionen"

Degele und Winker (2007) beschreiben sie auch als *„interaktiv hergestellte Prozesse der Identitätsbildung (Mikroebene)"* (Degele und Winker 2007: 8). Diese Ebene konstruiert sich vor allem aus dem Verhältnis zur Re_Produktion. Denn das Individuum ist gekennzeichnet durch die Funktion der *„[...]Absicherung der Lebensgrundlage aller einzelnen"* (Degele und Winker 2007: 9). Das Individuum wird durch den Verkauf seiner Arbeitskraft und Re_Produktionsarbeiten in der Familie *„bzw. sozialstaatliche Transferzahlungen"* (Degele und Winker 2007: 9) definiert.

Es lässt sich aufgrund der kapitalistischen Interessen sagen, dass staatlich und politisch keine gleichen Voraussetzungen geschaffen werden und somit strukturell die Benachteiligung von verschiedenen Gruppen und Subjekten hergestellt wird.

„[Sozialpolitik] ermöglicht und begrenzt, befähigt und bevormundet, sorgt und vernachlässigt. Sie eröffnet Freiheit und

schränkt Optionen ein, sie schafft mehr Gleichheit durch – immer neue Unsicherheiten. Sie verwandelt unüberschaubare Gefährdungen in kalkulierbare Risiken – und diese Zweifel wieder zurück in Gefahren" (Lessenich 2013: 10).

Die Mechanismen nehmen starken Einfluss auf die individuellen Lebensrealitäten, denn sie schaffen Differenzen.

"Solche Differenzkonstruktionen schreiben der benachteiligten, unterdrückten oder ausgegrenzten Gruppe besondere, in der Regel negative Eigenschaften zu, die ihre Beherrschung, Benachteiligung, bzw. Ausbeutung – oder aber ihre Ausgrenzung und Dehumanisierung bis hin zur Vernichtung – als gerechtfertigt erscheinen lassen" (Scherr 2018: 278).

Im negativen Fall werden Personen oder Gruppen durch Stigmata und Vorurteile unterdrückt und ausgebeutet. Wenn durch ungleiche Voraussetzungen Bedingungen nicht erfüllt werden, wird dies durch einen negativ besetzten Status sanktioniert. Es existiert ein Machtgefälle, bei dem Privilegien deutlich machen, wer Anerkennung erfährt und wer nicht. Die Vormachtstellungen privilegierter Gruppen können so nur schwer überwunden werden. Es kann impliziert werden, dass die Voraussetzungen Möglichkeiten der Selbstverwirklichung eröffnen oder ein Ausschluss an der Teilhabe von Kapitalgütern und der Gesellschaft von vornherein vorbestimmt ist. Ebenso zeigt sich anhand dessen die Wirkungsmacht, denn als Teil der Gemeinschaft wahrgenommen zu werden, bedeutet, anerkannt zu werden.

Zusammenfassend betrachtet, müssen die drei Ebenen als direkte, zueinanderstehende Verbindungen anerkannt werden, die sich wechselseitig bedingen. Dann zeigt sich, dass der Staat durch seine strukturgebende Wirkung – nämlich der „Sicherung sozio-ökonomischer Bedingungen" – sowohl auf die Gesellschaft Einfluss nimmt, indem er diese reguliert, als auch auf das Individuum einwirkt – in Form der (Ab-)Schaffung von Möglichkeiten zur persönlichen Entfaltung und Partizipation. Sichtbar wird die Benachteiligung einzelner Subjekte durch strukturelle Unterdrückung und Ausbeutung (Vgl. Bruhn und Homann 2015: 1f.).

Die Struktur ist durch ein kapitalistisches System bestimmt, welche Ungleichheiten produziert, um die Ordnung zu stabilisieren. So werden differenzierende Kategorien konstruiert, die keinesfalls naturgegeben sind (Vgl. Bruhn und Homann 2015: 1f.). Die Gesellschaft – und ihre Funktion der symbolischen Re_Produktion der sozio-ökonomischen Verhältnisse – wirkt ebenso auf beiden Ebenen. Die Gesellschaft re_produziert die Unterdrückungsmechanismen des Staates und trägt dazu bei, die Konstruktionen von Differenz-kategorien zu ermöglichen sowie Ausbeutung zu legitimieren (Vgl. Bruhn und Homann 2015: 2). Und ebenso formt die Gemeinschaft Normen und Werte, die auf den Staat einwirken. Die Gesellschaft verfügt über die Macht, durch Formulierung von Interessen sowie Normen und Werten auf die Politik einzuwirken, die diese dann realisieren kann. Hierbei ist das Maß an Partizipation jedoch gekennzeichnet durch Privilegien und Ressourcen. Je nach Gruppeninteressen ist dies ambivalent. Die Re_Produktion von Normen und Werten wirkt sich auf die einzelnen Individuen aus – in Form von Diskriminierung und Unterdrückung. Dabei finden Bewertungen und Verortungen zu homogenen Gruppenidentitäten und Kategorien statt, indem das Individuum durch Stigmata und Vorurteile an der gesellschaftlichen Teilhabe gehindert wird (vgl. Bruhn und Homann 2015: 2).

Die Wirkung von Individuen auf den Staat wird größer, je mehr Privilegien den Subjekten inhärent sind und sie durch Ressourcen schließlich partizipieren können. Geschieht dies nicht, kann das Subjekt als unterdrückt gelten, was wiederum in seiner fehlenden Wirkungsmacht zum Ausdruck kommt. Ähnlich zeigt es sich auch in der Wirkung auf die Gesellschaft. Die Gesellschaft hat einen identitätsstiftenden Einfluss auf das Individuum, auch hier wird die Unterdrückung deutlich (Vgl. Bruhn und Homann 2015: 2).

4. Subjektive Sichtweisen auf Unterdrückung

Alle Menschen leben in Wechselwirkung zu ihrer Umwelt.[19] Die Umwelteinflüsse können auf unterschiedlichen Ebenen beobachtet werden. Zunächst ist die Struktur vorhanden, welche einen Handlungsrahmen durch materielle Grundlagen vorgibt und in welcher die Profitmaximierung ein wesentliches Ziel darstellt. Dann gibt es die Gesellschaft, in der symbolische Re_Produktionen ausgeübt werden. Die letzte Ebene ist die der einzelnen Subjekte, in welchen die Identitäten ausgebildet werden.

In diesen Beziehungen entsteht auch Diskriminierung und Unterdrückung (Vgl. Degele und Winker 2007: 10). Durch diese Anordnung entsteht ein Machtgefälle, welches Menschen wortlos und unsichtbar macht, respektive naturalisierend wirkt.

---

[19] Siehe Gliederungspunkt 3.3.

„*Es hieße das Unmögliche einräumen: eine Welt ohne Menschen. Diese objektivistische Einstellung ist ebenso geistlos wie die des Subjektivismus, der Menschen ohne Welt postuliert. Welt und Mensch existieren nicht ohne einander, sie existieren nur in ständiger Beziehung aufeinander*" (Freire 1973: 38).

Im Folgenden werden deswegen betroffene Personen sprechen. Sie können als einzige die Auswirkungen ihrer eigenen Betroffenheit als „*Expert:innen in eigener Sache*" präsentieren (Vgl. Bruhn und Homann 2020: 82). Denn

„*[d]iese radikale Forderung nach objektiver Verwandlung der Wirklichkeit, nach einer Bekämpfung der subjektivistischen Immobilität [...], bedeutet nicht, daß [sic] die Rolle der Subjektivität im Kampf um die Veränderung der Strukturen vernachlässigt wird. Man kann im Gegenteil keine Objektivität ohne Subjektivität feststellen. Keines kann ohne das andere existieren, und sie können auch niemals getrennt werden*" (Freire 1973: 37).

Dieser Gliederungspunkt wird erklären, wie sich die einzelnen Analyseebenen nach Degele und Winker (2007) auswirken. Durch die Perspektiven der Betroffenen können wir verstehen, was die Auswirkungen einer ungleichen Gesellschaft sind.

Patricia Baquero (1998) setzt sich mit der Lektüre Freires auseinander und fügt seiner Theorie hinzu, dass

> „[...] die geschlechtsspezifische Unterdrückung [...] in einem engen Zusammenhang mit anderen Formen der Unterdrückung steht. [Die Unterdrückungskomplexe] sind teilweise aufeinander angewiesen und stabilisieren sich gegenseitig, wobei die konkrete Form dieses Komplexes stark von den jeweiligen soziohistorischen und kulturgeschichtlichen Umständen abhängt. Er lässt sich nur durch eine Analyse der konkreten soziohistorischen Zusammenhänge erfassen" (Baquero 1998, zitiert nach: Knauth und Schroeder 1998: 152).

Durch diese Aussage wird deutlich, dass Unterdrückungsdimensionen in einem spezifischen historischen Kontext entstehen und jeweils ihre eigenen Geschichten haben. Sie sind prinzipiell nicht miteinander vergleichbar. Wenn eine Darstellung aus mehreren Perspektiven erfolgt, birgt es die *„Gefahr, [...] das Unvergleichbare zu rasch mit anderem zusammen[zu]bringen"* (Bach 2006: 371). Je nach thematischer Schwerpunktsetzung kann die mehrdimensionale Betrachtung jedoch von Bedeutung sein (Vgl. Bach 2006: 371). Intersektionalität meint, dass unterdrückerische

Kategorien im Individuum in Wechselwirkung zueinander stehen können.

Bisher wurde die Historie und wissenschaftliche Theorie, wie die von Winker und Degele dargestellt. Folgend ist der Untersuchungsgegenstand, welche subjektiven Erfahrungen erlebt werden, um diese in Beziehung zu stellen. Denn es fehlen die Stimmen derer, die wissen, was (intersektionale) Unterdrückungen in Bezug auf ihre Lebensrealitäten bedeutet.

> „[D]ie also selbst betroffen sind, können prinzipiell am besten Auskunft darüber geben, welchen Diskriminierungserfahrungen sie ausgesetzt sind. Daher ist (nicht nur) für Disability Studies die Betroffenenperspektive zentral. Dies scheint auch notwendig zu sein, wenn es darum gehen soll, hegemoniale Sichtweisen des vermeintlich Natürlichen, Normalen, Nichtbehinderten aufzubrechen und progressive Veränderung zu bewirken" (Bruhn und Homann 2020: 83).

Dabei werden keine konkreten Dimensionen dargestellt, sondern Personen werden sprechen, die aus intersektionaler[20] Perspektive Unterdrückung erfahren oder erfahren haben.

---

[20] Da nicht alle Autor:innen eine Positionierung vornehmen, entspricht diese Aussage möglicherweise nicht ihrer eigenen Definition.

4.1 Struktur (materielle Grundlagen)

Auf der Strukturebene wird der Bezug zu den materiellen Grundlagen hergestellt, die im kapitalistischen System erworben werden und über die ein Individuum verfügt[21]. Dabei werden vorwiegend drei Bereiche von Degele und Winker (2007) benannt: die Sicherung der sozio-ökonomischen Verhältnisse, die Re_Produktionsarbeiten, die Frauen* in der Familie leisten, und dass die Zugänge zum Arbeitsmarkt von Differenzkonstruktionen bestimmt werden, durch welche die Löhne und das Verfügen über kostengünstige wie flexible Arbeitskräfte reguliert werden.

> *„Wenn ich meine Mutter heute vor mir sehe mit ihrem geschundenen, schmerzenden Körper, der fünfzehn Jahre lang unter härtesten Bedingungen gearbeitet hat [...], dann überwältigt mich die konkrete physische Bedeutung des Wortes »soziale Ungleichheit«. Das Wort »Ungleichheit« ist eigentlich ein Euphemismus, in Wahrheit haben wir es mit nackter, ausbeuterischer Gewalt zu tun. Der Körper einer alternden Arbeiterin führt allen die Wahrheit über die Klassengesellschaft vor Augen"* (Eribon 2016: 78).

---

[21] Siehe Gliederungspunkt 3.1.

Eribon benennt ganz konkret die soziale Ungleichheit. Hieran wird deutlich, dass Unterdrückung im Kontext von Lohnarbeit bedeutet, dass Menschen in hohem Maße ausgebeutet werden und an die Grenzen ihres Seins gedrängt werden, um die Aufrechterhaltung der sozio-ökonomischen Bedingungen zu gewährleisten. Mit den Worten *„ausbeuterische Gewalt"* drückt Eribon hier aus, was Winker als *„ [...] Arbeitskräfte zu möglichst geringen Löhnen, ohne dass für deren Reproduktion und Bereitstellung zu hohe Kosten entstehen"* (Winker 2012: 16), bezeichnet.

> *„Alle arbeiten immer in den Jobs, die nicht für Deutsche, sondern für sie vorgesehen waren. Leute wie mein Großvater wurden angeworben, weil sie leichter ausgebeutet werden konnten als inländische Arbeiter_innen. Gewerkschaftlich kaum organisiert, flexibel, dankbar um jeden Sonntagszuschlag. Während also überwiegende Teile der Wohlstandsgesellschaft ab den Sechzigern Minigolf spielten und schicke Autos fuhren, waren es die »Gäste« aus Südeuropa, Nordafrika und der Türkei, die unter unwürdigen Bedingungen in den Fabriken schufteten, um diesen Wohlstand zu generieren"* (Aydemir 2020: 30).

An dem Beispiel von Aydemir zeigt sich, dass Tätigkeiten an unterschiedliche Personen vergeben werden. Ihr Großvater muss im Vergleich zu „Deutschen" härtere Arbeit leisten. Es entstehen ungleiche Positionen, die im Kapitalismus gewollt sind, und nur durch die ausgeprägte Ausbeutung können die Privilegierteren ihren Wohlstand aufrechterhalten.

Was das für die Re_Produktion der Familie bedeutet – wie Winker und Degele es beschreiben –, zeigt hooks anhand der Vorstellung ihrer Mutter auf.

> *„Ein Mädchen ohne ordentliche Ausbildung, ohne den richtigen Hintergrund, konnte ihren Status nur durch eine Ehe verändern. Als Ehefrau* gebührte ihr Respekt. All ihre Träume drehten sich um materiellen Status, und darum, eine Welt zu betreten, in der sie all das hätte, was zu einem Leben gehörte, in dem man es zu etwas gebracht hatte [...]"* (hooks 2020: 23f.).

Anhand der Darstellung hooks' kann gesagt werden, dass mit dem Ideal einer Mutter* der Wunsch nach Anerkennung einhergeht. Der Status soll über diese Rolle aufgewertet werden. Die Perspektivlosigkeit wird in dem Beispiel über die Mutter*schaft versucht aufzubrechen. Es wird jedoch auch sichtbar, dass „Mutter* sein" von weiblich* gelesenen Personen der Gesellschaft vorausgesetzt wird, und dieses je nach Situierung schwer zu bewältigen ist. hooks beschreibt die konkrete Situation ihrer Mutter wie folgt:

> *„Mutter, die hingegen kein Auto fuhr, keine Nachbarinnen zum Reden und kein Geld zum Ausgeben hatte, war diejenige, die nicht mehr frei umherziehen konnte, sondern bald häuslich geworden war – ihr Geist gezähmt und gebrochen"* (hooks 2020: 23).

Die Mutter*schaft wird in den herrschenden Verhältnissen nicht entlohnt und unterliegt weniger dem Kollektivgedanken als der Re_Produktion von Arbeitskräften. Die Fürsorge obliegt in den meisten Fällen den Frauen*, die damit häufiger prekären Situationen ausgesetzt sind als beispielsweise Männer.

> *„Ich konnte gerade meinen Namen schreiben, da machte meine Mutter schon drei Jobs gleichzeitig: morgens Bäckerei, mittags Kartonfabrik, nachts Bäckerei. Mein Vater arbeitete fast vierzig Jahre im grellen Halogenlicht von Fabriken und verfiel kürzlich in eine Krise, weil er zum ersten Mal in seinem Leben arbeitslos war"* (Aydemir 2020: 32).

In der Darstellung zeigt sich, dass die Mutter drei Tätigkeiten ausüben muss und zusätzlich die Verantwortung für die Familie trägt. Es wird deutlich, dass Frauen* nicht ausschließlich das Familienmanagement überlassen wird, sondern sie zudem – in den kapitalistischen Gesellschaften – erwerbstätig sein müssen, respektive beschreibt May, dass sie damit weitere flexible Arbeitskräfte darstellen (Vgl. May 2012: 40f.).

Die Zugänge zum Arbeitsmarkt werden durch Differenzkonstruktionen erschwert. Dazu werden Machtpositionen und Hierarchieverhältnisse genutzt, Menschen und Gruppen als „anders" zu konstruieren, um ihre Beherrschung und Ausbeutung zu rechtfertigen. Wie herausfordernd es ist, diese Konstruktionen zu überwinden, zeigt Eribon wie folgt auf:

> *„Es konfrontierte mich mit meiner klassenspezifischen Situation und mit einem Selbst, das zu sein und zu werden ich durch das Vorbild dieses anderen bestimmt war. Es prägte mir den beständigen, ausdauernden Willen ein, die mir versprochene Zukunft zu widerlegen – und zugleich den unauslöschlichen Abdruck meiner sozialen Herkunft, dieses ‚Erinnere dich, woher du kommst‘, das keine meiner späteren existenziellen Wandlungen, keine meiner Entwicklungsschritte, keine meiner Maskeraden oder Fluchtmanöver je auszulöschen vermochte"* (Eribon 2016: 89).

Er habe es geschafft, der Position, die ihm zugeordnet wurde, zu entgehen – der unterdrückten und stigmatisierenden Rolle, die er einnehmen sollte. Die Erfahrung habe sich tief eingeprägt und auch, wenn er den Aufstieg geschafft habe, beeinflusse es sein Denken und Handeln weiterhin. Deutlich wird, dass gesellschaftliche Positionen nicht frei gewählt werden, sondern durch die Symbol-Ebene ausgehandelt wird, wem welche Position zukommen soll, und durch die Struktur Wege eröffnet oder begrenzt werden. hooks zeigt diesen Prozess ebenso auf:

> *„»Selbstverständlich ist eine weiße Person im Durchschnitt besser dran als jede andere, die nicht weiß ist – Menschen asiatischer Abstammung ausgenommen, und Schwarze, die übermäßig arm sind. Aber diese Art von Formel verbirgt ebenso viel, wie sie enthüllt: »Die meisten offiziellen armen Menschen sind weiß, und heutzutage sollte sich ein weißer Haushalt glücklich schätzen, wenn das Einkommen bloß stagniert und nicht gänzlich wegfällt.«. Es dient den Interessen der herrschenden weißen kapitalistischen patriarchalen Klasse, diese Realität zu verschleiern, – weshalb weiße Arme in den Massenmedien nahezu unsichtbar sind"* (hooks 2020: 128).

Die Gesellschaft schreibt einem Individuum eine Position zu, welches von den Institutionen gestützt wird. Durch die Stigmatisierung wird Menschen der Zugang zum Arbeitsmarkt erschwert. Gleichzeitig re_produzieren sich Ungleichheitsverhältnisse, denn der Aufstieg, wie ihn Eribon beschreibt, ist schwer zu leisten und hinterlässt seine Spuren. Auch hier zeigt sich die Verknüpfung zu den symbolischen Re_Produktionen. Es ist zu beachten, nicht ausschließlich die einzelnen Ebenen zu untersuchen, sondern auch ihre wechselseitigen Beziehungen wahrzunehmen.

4.2 Gesellschaft (symbolische Re_Produktionen)

Symbolische Re_Produktion meint, dass Subjekte ihren Status und ihre Privilegien durch den Verkauf ihrer Arbeitskraft definieren, dass sich die soziale Ordnung durch Normen und Werte re_produziert, die für eine hegemoniale Anordnung sorgen und auf Grundlage von vielfältigen Differenzkategorien bewertet werden.[22]

Arbeitnehmer:innen müssen ihre Eigentums- und Verfügungsrechte verkaufen. Die Bedeutung dessen verdeutlicht Wollrad:

> *„Rassistische Gewalt schneidet ein in das Fleisch, erzeugt Wunden, gebrochene Knochen und hinterlässt Narben und Schmerzen. Das Fleisch klagt an, verweist auf Verursachende und die strukturellen Ursachen der Wunden. Das Fleisch als durch Herrschaft gebrochenes bezeichnet eine Dimension, aber nicht die einzige, denn Fleisch, markiert als »invalid« kränklich*

---

[22] Siehe Gliederungspunkt 3.2.

und nichtig, ist geschaffen nach Gottes Ebenbild" (Wollrad 2012: 120).

Wollrad zeigt damit auf, dass Menschen in einer Abhängigkeit zu den Lohnverhältnissen und der kapitalistischen Produktionsweise stehen. Sie erklärt, was dies für Folgen hat und in welchem Umfang wir von den „Eigentums und Verfügungsrechten" enteignet sind. Sie verweist auf die strukturellen Ursachen, die dafür sorgen, von der Gesellschaft sanktioniert respektive positioniert zu werden.

Dies ist möglich, weil die Gesellschaft sich der hegemonialen Ansprüche absichert, indem sie Normen sowie Ideologien entwickelt und diese repräsentiert. Stuart Hall beschreibt aus seiner Perspektive, was unter diesem Aspekt gemeint ist, nämlich

> *„[...] dass jeder Diskurs platziert, positioniert und situativ ist und jede[s] Wissen in einem Kontext steht. Repräsentation ist nur deshalb möglich, weil jede Ausdrucksweise immer innerhalb von Codes produziert wird, die eine Geschichte und eine Position innerhalb der diskursiven Formation eines bestimmten Raumes und einer bestimmten Zeit haben"* (Hall 2012: 22).

Laut Hall werden bestimmte Normen und Werte gebildet, die dafür sorgen, gesellschaftliche Positionen zu entwerfen. Das Wissen ist historisch begründet und sorgt dafür, die bestehenden

Machtverhältnisse zu stützen. *„Was in der Praxis des Sozialen ‚objektiv' erfahrbar wird, resultiert [...] aus den Interaktionen der Akteur:innen. Erst deren Wahrnehmungen und Handlungen stellen soziale Fakten fortlaufend her"* (Bruhn und Homann 2020: 82). Die Theoretiker Bruhn und Homann halten deshalb dazu an, wahrzunehmen, dass die Kategorie „Behinderung" eine soziale Konstruktion ist. Diese wird in sozialen Aushandlungsprozessen gebildet und fortführend verfestigt. Von ihnen wird kritisiert, dass eine Beeinträchtigung erst durch die Gesellschaft zu einer Behinderung wird. Die Vorstellungen von Normativen sind geprägt von Deutungshoheiten und sorgen für soziale Stigmatisierung (Vgl. Bruhn und Homann 2020: 82).

> *„Postkolonial-feministische Kritik eröffnet den »Körper« als ein Feld vielfältiger und widersprüchlicher Einschreibungen, darüber hinaus stellt sie in den Vordergrund, was viele* weiße *zeitweilig nicht behinderte Theologinnen entschlossen ignorieren: das Fleisch"* (Wollrad 2012: 117).

Wollrad kennzeichnet den geringsten Nenner, über den sich definiert werden könnte: das Fleisch. Würde dieser minimale Faktor als Zentrum der Betrachtung gewählt, würde er alle Menschen einschließen. Erst durch die Beurteilung wird er zum Körper, der mit Bewertungen und

Zuschreibungen zu etwas konstruiert wird. Ein zweiter Punkt, der aus dem Zitat entnommen werden kann, ist, dass Menschen, die aus privilegierten Positionen sprechen, sich der gesamten Auswirkungen nicht bewusst sein können, da sie selbst unterdrückerisch handeln und die Unterdrückten ihre Erfahrungen und Forderungen eigenständig darstellen müssen.

Die negative Beurteilung, die zu Differenzkategorien führt, wirken ebenso naturalisierend und hierarchisierend, was auch hooks darstellt. Sie sagt, dass

> *„Schwarze Menschen mit Geld [...] sich über Klasse mehr Gedanken [machen] als die meisten* weißen *Leute. [Sie sind in der Regel der Auffassung], dass alle Schwarzen Menschen arm seien, sogar jene, die in schicken Anzügen und maßgeschneiderten Hemden stecken, die eine Rolex tragen und Aktentaschen aus Leder mit sich führen. In der* weißen *Vorstellung ist Armut in erster Linie immer Schwarz. Obwohl es auch viele* weiße *arme Menschen gibt, bleiben sie in den Vororten und ländlichen Gebieten, in denen sie leben, unsichtbar"* (hooks 2020: 14).

Hier beschreibt hooks die Stigmatisierung, die *weiße* gegenüber Schwarzen Menschen ausüben. Das Beispiel bringt auch hervor, dass es damit zu einer Über- und Unterordnung kommt. Aufgrund dessen lässt sich ableiten, dass die Hegemonie nicht natürlich gegeben ist, sondern konstruiert. Zudem zeigt es, dass durch das gefestigte Bild, das aus dem Wahrheitsanspruch der Herrschenden resultiert, Menschen unsichtbar bleiben, die sich nicht repräsentieren können.

> *„Die Herrschenden merken nicht, dass ihre Welt nur einer partikularen, situierten Wahrheit entspricht (so wie ein* Weißer *sich nicht seines* weiß *seins und ein Heterosexueller sich nicht seiner Heterosexualität bewusst ist)"* (Eribon 2016: 92).

Hier spricht Eribon die Naturalisierung an. Er sagt, dass etwas scheinbar natürlich ist, wie *weiß* sein oder Heterosexualität, und der Diskurs über die Macht, die Personen inhärent innehaben, dadurch nicht stattfindet. Konstruktionen von Unterdrückungsdimensionen werden durch eine dogmatische Gegenüberstellung gebildet.

> *„Natürlich operiert der Rassismus mit der Konstruktion von unüberschreitbaren symbolischen Grenzen zwischen ›rassistisch‹ konstruierten Kategorien, sein typisch binäres Repräsentationssystem markiert, fixiert und naturalisiert unaufhörlich die Differenz zwischen Zugehörigkeit und Anderssein"* (Hall 2012: 22).

Über- und Unterordnungen werden durch Differenzkonstruktionen gerechtfertigt und darüber hinaus re_produziert. Durch die symbolische Ordnung finden keine Diskurse über diese Mechanismen statt, weil die Machtstruktur natürlich erscheint.

4.3 Subjekte (Identitäten)

Auf dieser Ebene wird dargestellt, dass sich Identitäten in der Verbindung zu den sozio-ökonomischen Produktionsbedingungen ausbilden und der Status daran gemessen wird.[23] Das Individuum wird auf dieser Analyseebene hervorgehoben und es wird aufgezeigt, wie die Struktur es tangiert respektive positioniert und die symbolische Ebene darin bewertend wirkt. Es stellt sich heraus, was dies im Individuum auslöst.

Degele und Winker (2007) erläutern, dass das Individuum oft die Position der Gesellschaft annimmt, die des unterdrückten Subjekts, welches die eigene Arbeitskraft unter den bestehenden Verhältnissen verkaufen muss, was hingenommen und geduldet wird. Dies beschreibt auch Eribon aus einer subjektiven Perspektive.

---

[23] Siehe Gliederungspunkt 3.3.

> *„Als ob es zwischen den Sozialen Welten gläserne Wände gäbe, die bestimmen, was man im Inneren einer jenen Welt für wünschenswert oder machbar hält, was man werden soll und wollen kann und was nicht. [D]ieses Anderswo liegt in einem so unerreichbaren, separaten Universum, dass man sich weder ausgeschlossen noch benachteiligt fühlt, wenn einem der Zugang zu den Selbstverständlichkeiten der anderen verwehrt bleibt"* (Eribon 2016: 45).

Aus dem Interview von Lana Sirri mit der Gruppe „Queer Muslim_a*s"[24] macht das folgende Zitat deutlich, wie schwierig es ist, in den Produktionsbedingungen eine bessere Position zu besetzen. Doch wird auch deutlich, dass, wenn prekäre Ausgangspositionen verlassen werden oder Grenzen überwunden, den Individuen wenig existenzielle Ängste drohen und ihre Lebensgrundlage vorerst gesichert erscheint.

> *„Wenn ich mich an die Gesellschaft, Institutionen und Arbeitsstellen wende, gibt es da so eine... ich nenne es »die große, weiße Mauer der Trennung«. Es herrscht eine epidemische Gewalt, und es muss noch so viel getan werden, um die weiße*

---

[24] „Queer Muslim_a*s ist eine Gruppe von LSBTI*Q Muslim_innen, die in Deutschland leben" (Sirri 2017: 113). Sie sind Aktivist:innen und organisieren politische Veranstaltungen.

*Dominanz – besonders in dieser Gesell-
schaft hier – auszugleichen. Und bezogen
auf Klassismus ist es sehr ähnlich. Heutzu-
tage, in dieser wirtschaftlichen Lage im
Moment, ist es egal, wie gebildet du bist,
wie viel du in deine Bildung investiert hast.
Es fühlt sich so an, als ob man nur darauf
festgelegt ist, ein prekäres Leben zu führen.
Besonders im Kontext der Migration, mit
dem Druck, gute Leistungen zu erbringen,
um ein schönes, kapitalistisches Leben
[...] führen [...] zu können"* (Sirri 2017:
128).

Das Individuum begrenzt sich nicht selbstständig.
Die Identität formt und positioniert sich fremdbe-
stimmt. Es ist durch die Struktur in seinen Zugangs-
möglichkeiten begrenzt und erhält einen negativen
Status durch die Normen und Werte, die im Umfeld
gebildet werden.

Nicht ausschließlich die Leistungen in den
Produktionsbedingungen prägen die Identität
eines Individuums, dies kann auch durch sozialstaatliche Transferzahlungen definiert werden.

*„[Nach den] 1980er und 1990er Jahren
[entstand die] Sorge der Bevölkerung zu
Fragen der Gerechtigkeit und zur
Sozialhilfe. [Dies] wurde rasch durch
konservative Vorstellungen von individu-
eller Verantwortung und einem egozen-
tristischen Materialismus ersetzt"* (hooks
2020: 76).

Hier zeigt sich, dass Sozialstaatlichkeit nicht bedeutet, im Sinne des Sozialen wirken zu wollen, sondern Krisen entgegenzuwirken. Der Konservatismus ist Ausdruck für das „doppelt freie"[25] Individuum. Dies meint, dass vom Individuum verlangt wird, produktiv zu sein und nicht ausschließlich für sich, sondern auch für das Kollektiv zu sorgen.

> *„Zweifellos macht das Privileg weißer Haut es für arme* Weiße *einfacher, einen Grad an Unterstützung zu bekommen, die der Gruppe von Menschen mit dunkler Hautfarbe nicht gewährt wird [...]"* (hooks 2020: 129),

zudem führte

> *„[d]ie Aushöhlung der Sozialsysteme [...] dazu, dass mehr* weiße *Frauen* als je zuvor in der Geschichte unseres Landes in die unteren Schichten abrutschen werden"* (hooks 2020: 130).

hooks verdeutlicht, dass das Sozialsystem auch nicht objektiv handelt, sondern subjektive Konstruktionen herstellt, die die strukturelle Unterdrückung rechtfertigen und dies ein längerfristiges Problem der Einzelnen werden wird.

---

[25] Das Individuum wird zur Eigenproduktivität angetrieben, durch den gesellschaftlichen Zwang des Kollektivgedankens. Siehe auch Gliederungspunkt 5.

Eine Lösung für Individuen kann es sein, sich durch Differenzkategorien abzugrenzen und Zugehörigkeiten zu besser gestellten Gruppen herzustellen. Alle Subjekte tragen auch Privilegien in sich, so kann sich über Differenzierung zu anderen Subjekten oder Gruppen abgegrenzt werden und Zugehörigkeiten in andere Systeme geschaffen werden. Dies könnte auch unter der Betrachtung des „Milieu"-Begriffes aufgegriffen werden. Hierbei wird nicht von einer zweigeteilten Klassengesellschaft ausgegangen, sondern ein Subjekt bewegt sich in unterschiedlichen Gruppen. Verschiedene individuelle Ressourcen befähigen hierbei und bieten Zugänge zu den unterschiedlichen Milieus. Ähnlich formuliert es auch Bourdieu, der Individuen mit ökonomischem, kulturellem und sozialem Kapital ausgestattet sieht, welches sie im gesellschaftlichen Bereich einsetzen können (Vgl. Bourdieu 1983: 122ff.).[26]

> *„Arme* Weiße *wussten um das Privileg, das ihnen ihre Hautfarbe verlieh und sie nutzen es"* (hooks 2020: 126). *„Die patriarchale* weiße *Macht wird täglich eingesetzt, um die Segregation zu wahren – um Schwarze und jene nicht-weiße Gruppen fernzuhalten"* (hooks 2020: 128).

---

[26] Dies könnte in einer weiteren Analyse näher betrachtet werden.

hooks stellt heraus, was dies für die Differenzkategorie *Race* bedeutet. Schwarze Menschen werden von *weißen* stigmatisiert und unterdrückt. Die *weißen* Menschen grenzen sich ab, um ihr Privileg zu nutzen und Zugänge zu erhalten. Durch die Segregation bilden sich Identitäten, die durch ihr unterdrückerisches Handeln Macht erhalten. Lorde erkennt diese Problematik auch und sagt:

> *„Uns fehlt ein Umgang, mit dem wir uns über unsere menschlichen Unterschiede hinweg mit unserer Gleichartigkeit in Verbindung setzen können. Infolgedessen wurden Unterschiede mit dem Ziel, uns voneinander getrennt zu halten und uns zu verwirren, missbraucht und fremdbestimmt"* (Lorde 1984. Zitiert in: Kelly 2019: 109).

Die Theoretikerin thematisiert, dass sie es erstrebenswert fände, dass die Gesellschaft sich ohne hegemoniale Anordnung begreift und Heterogenität anerkennt. Es zeigt sich jedoch auch, dass die Wirkungsmacht der symbolischen Ebene Einfluss auf das Individuum und dessen Selbstverständnis hat. hooks erklärt, dass Individuen die Differenzkonstruktionen bewusst nutzen, um Teil der privilegierten Gruppe zu werden, und dadurch müsste strukturell eine Veränderung vorgenommen werden, die nicht die

Unterdrückten gegeneinander aufwiegt, sondern Zugänge und Teilhabe für alle ermöglicht.

Die Perspektive der Menschen, die betroffen gemacht wurden, zeigt auf, welche Forderungen diese Personen haben. Dieses Kapitel zeigte Einblicke in ihre Lebenswelten, die es zu verstehen gilt. Auf der Grundlage des bisherigen theoretischen Fundaments sowie des subjektiven Erlebten, kann nun eine sozialarbeiterische Perspektive entwickelt werden.

5. Soziale Arbeit und ihre Zukunftsperspektiven

Was ist die Funktion Sozialer Arbeit im Sozialstaat und wie können wir die Erkenntnisse des intersektionalen Konzepts nutzen? Im Nachfolgenden werden bewusst keine konkreten Arbeitsfelder dargestellt, um eine Stigmatisierung und Re_Produktion von Unterdrückungsmechanismen zu vermeiden.

5.1 Entstehung des Sozialstaats und der Sozialen Arbeit

Um sich der Frage zu nähern, bieten sich die von Stephan Lessenich (2013) zusammengetragenen Ansätze zu den Ursprüngen des Sozialstaats an. Der Soziologe stellt dar, dass es unterschiedliche Theorien zu den Gründungsmomenten des Sozialstaates gibt. Die Theorien deutet er jedoch als aufeinanderfolgend sowie dass sie einander ergänzen und meint konkret die *„Funktionen, Institutionen, Ideen und Interessen – und Krisen“* (Lessenich 2013: 39), Ansätze, die jeweils bestimmte Grundzüge des Sozialstaates erklären können. Anhand dieser Ansätze kann im Folgenden ein dezidiertes Verständnis für die Position und Funktion von Sozialarbeiter:innen im Sozialstaat entwickelt werden. Durch die Verknüpfung von Lessenichs Ansatz mit der zuvor beschriebenen Strukturebene und den Wirkungsweisen symbolischer Re_Produktion kann herausgestellt werden, wo die Erkenntnisse des intersektionalen Konzeptes eingebracht werden können und sollten.

Funktion

Unter funktionalistischen Ansätzen wird vor allem der Zusammenhang zwischen dem kapitalistischen System und der Reaktion in Form des Sozialstaats untersucht, denn *„[d]er Sozialstaat kam in die Welt, weil es seiner bedurfte“* (Lessenich 2013: 39). Die

Gründung wird auf unterschiedliche Phasen und Bedarfe geschlussfolgert. So entstand die Theorie, dass in der vorindustriellen Zeit ein erhöhter Bedarf an sozialer Absicherung entstand. Dieser beruft sich auf den Wandel der Gesellschaft und seiner neuen Strukturierung. In anderen funktionalistischen Ansätzen wird die Demokratisierung als der ausschlaggebende Punkt der Entstehung angeführt. Die letzte Gründungstheorie beruft sich auf die Mikroebene. Dabei zeichnet sich die Gründung des Sozialstaats dadurch aus, dass der Kapitalismus geschützt werden müsse. Die Probleme der Mikroebene sollen durch politische Mechanismen aufgegriffen und behandelt werden, um den Erhalt des Kapitalismus zu gewährleisten (Vgl. Lessenich 2013: 42 ff.).

Interessen

Interessens- oder konflikttheoretische Ansätze kennzeichnen die Demokratisierung und staatliche Annahme bürgerlicher Interessen als Bezugspunkt einer neuen Episode. In dieser Phase ging es darum, die *„Interessen der übergroßen Mehrheit der Bevölkerung"* (Lessenich 2013: 42) aufzugreifen, zu repräsentieren und als Struktur des Staates zu internalisieren. Durch die Entstehung der freiheitlichen und politischen Grundrechte sowie die Möglichkeit zu wählen, wurde das weitere Fundament des Sozialstaats gelegt. Bürger:innen erhielten in sämtlichen Institutionen – von Betriebsräten bis hin zum Parlament – die Möglichkeit, ihre politischen Interessen einzubringen. Nach Adam Przeworski und John Sprague (1986) erhielten die Bürger:innen, und insbesondere die Arbeiter:innenklasse durch ihre große Anzahl Macht. Diese Macht befähigte sie, Konflikte mit der „übermächtigen Kapitalseite" einzugehen (Vgl. Lessenich 2013: 44 ff.).

Institutionen

Institutionalistische Ansätze gehen davon aus, dass die Akteur:innen im Feld der Sozialpolitik immer in Institutionen handeln oder gehandelt haben. Jede Veränderung beruft sich hierbei auf die vorhandene Historie und agiert lediglich im festen institutionellen und gesellschaftlichen Rahmen. Interessen und Bedürfnisse werden nicht nur durch Gesetze gerahmt, zusätzlich ist der Staat als ein eigenständiges Glied im sozialen Kampf zu verstehen, der *„[...]diese steuert, lenkt und aktiv in ihn investiert"* (Lessenich 2013: 47). Das Ziel des Sozialen ist nicht die Unterstützung einzelner Individuen, sondern der Erhalt von Macht durch die Stabilisierung und die dadurch entstehende Abhängigkeit von Subjekten zum Staat (Vgl. Tennstedt 1997. Zitiert nach: Lessenich 2013: 47). Zentral für diese Phase ist die Kennzeichnung durch den Ausbau der Staatsadministration. Denn erst durch das öffentliche Eingreifen in die Wohlfahrt wurde ermöglicht, dass jegliches soziales Handeln in den Institutionen des Staates verankert wurde. Es profitierte besonders die Mittelschicht von diesem Ausbau, besonders im

„Bildungs- und Sicherungssystem" (Vgl. Lessenich 2013: 48 ff.).

Ideen

> *„Vielmehr kämpften die historischen Akteure, vorder- oder hintergründig, für die Realisierung je spezifischer sozialpolitischer Ordnungsideen, für die politische Umsetzung je eigener Vorstellungen von der Gestaltung der Gesellschaft. "* (Lessenich 2013: 51).

Es wird deutlich, dass es große Interessenunterschiede von machthabenden und einflussreichen Akteur:innen in der Sozialpolitik gibt. Diese haben unterschiedliche Ideen der Strukturierung unserer Politik und Wohlfahrt, die sie versuchen durchzusetzen. Ideen sind immer Ausdruck von Interessen und deren zielführender Umsetzung. Dadurch verknüpft sich der Punkt der Idee mit dem vorab benannten Aspekt der Interessen im Sozialstaat.

Hierbei sticht das Merkmal der Deutung von Problemen heraus, denn dieser ist der Grundstein von Veränderungen. Für betroffene Subjekte bedeutet es, dass Machthabende ihre Probleme erkennen, ein Interesse an der Behandlung haben und eine Idee entwickeln, wie diese zu lösen sind. Kritisch anzumerken ist, dass Ideen und Interessen sich durch die Herstellung einer Realität durchsetzen. Der Ideenzentrierte Ansatz zeichnet sich spezifisch dadurch aus, dass die verschiedenen Wohlfahrtsstaaten sich voneinander unterscheiden. Denn sie entwickelten sich immer durch die machthabenden Akteur:innen im Rahmen des jeweiligen Staates (Vgl. Lessenich 2013: 50-54).

Krisen

In den krisentheoretischen Ansätzen geht es darum, herauszufinden, wie mit Transformationen und Stabilitätsbedingungen in Gesellschaften umgegangen werden kann. Dabei beschreibt die Transformation den Umbruch sowie den Wandel, der immanent in unserer Gesellschaft passiert, und die Stabilität den Anspruch eines Ziels, das ein Ideal darstellt.

> *„Die »Erfindung« des Sozial-Staats und die fortschreitende Institutionalisierung seiner Programmatik lässt sich aus dem Zusammenspiel von Funktionen, Interessen und Institutionen erklären[...]"* (Lessenich 2013: 55).

Dabei ist der Sozialstaat eine Reaktion auf den Kapitalismus und gleichzeitig bedingen sich beide Systeme, denn der Staat greift durch Regelungen in die kapitalistische Produktion ein und ist gleichzeitig ökonomisch abhängig von genau diesem. Die Interessen zeigen sich durch den bürgerlichen Auftrag an die Politiker:innen. Jedoch überwiegen die Interessen der Bürger:innen, die der Mitte der Gesellschaft entsprechen, welche sowohl durch Einkünfte, als auch durch das Erfüllen von normativen Werten gekennzeichnet sind. Institutionen stellen die Rahmenbedingungen dar, die durch administrative Bedingungen geschaffen werden. Die Idee ist der ausschlaggebende Punkt, denn nur durch das Wissen der Gestaltbarkeit eines kollektiven Zusammenlebens existiert er. Durch die strukturelle Krisenhaftigkeit wird fortwährend auf neue Impulse reagiert und eine Anpassung gewährleistet.

> *„Der Sozialstaat entsteht aus diesem kollektiven Sein, gründet auf diesem gesellschaftlichen »Kollektivbewusstsein«, und er prägt es mit jedem Schritt seiner Expansion. Er spannt – wie gesehen – das soziale Band, webt das Netz des Sozialen"* (Lessenich 2013: 56).

Dabei stellt sich die Frage, welche Menschen zum Kollektiv gehören, denn wie unter dem Punkt „Interessen" herausgestellt wurde, vertritt der Staat die *„Interessen der übergroßen Mehrheit der Bevölkerung"* (Lessenich 2013: 42). Dies bedeutet, dass Menschen ausgeschlossen oder nicht mit einbezogen werden. Wenn unterdrückte Personen der Mehrheit einen Profit bringen, das Kollektiv (im Sinne des „doppelt freien" Individuums) tragen und eine

Stabilität des Systems darstellen, werden sie im System wahrgenommen und eingebunden (Vgl. Lessenich 2013: 54ff.).

5.2 Soziale Hilfen

Soziale Hilfen werden durch die Anerkennung eines Problems und der Rechtfertigung von Unterstützung durch die Gesellschaft hergestellt. Die politische Rechtfertigung und Vergabe von Hilfen (respektive die Bereitstellung von Ressourcen für die Rahmenbedingungen) wird von der Politik gewährt. Dadurch formulieren diese beiden Ebenen den „Soll-Zustand". Der Staat definiert die Rahmenbedingungen (in Form von Leistungen und Ressourcen) an die Praxis und schafft die materielle Grundlage für Unterstützungsleistungen. Soziale Arbeit agiert somit immer in einem festen Rahmen, der strukturell vorgegeben ist. Gleichzeitig werden Probleme, die von den Strukturen oder durch die Gesellschaft verursacht worden sind, individualisiert und das Problem wird auf das Subjekt verlagert. Menschen werden unterdrückt und es wird der Eindruck erweckt, dass sie selbst für ihre Positionen verantwortlich sind. Ihre Zugänge werden in Teilen durch die Soziale Arbeit (und deren gesetzlichen Anspruch) reguliert und Krisen wird somit entgegengewirkt. Damit werden gesellschaftliche Missstände oder strukturelle Unterdrückung unsichtbar gemacht, weil sie als individuelles Scheitern wahrgenommen werden. Soziale Arbeit handelt und wirkt in der Beziehung zwischen dem Individuum und der Struktur (Vgl. von Spiegel 2018: 25ff.).

Die konkrete Aufgabe der Praxis liegt darin, die Individuen in die Systeme zu integrieren, indem eine Anpassungsleistung hervorgebracht werden muss, die Exklusion vermieden oder verwaltet wird. Die Verwaltung von Exklusion kommt dann zum Vorschein, wenn Individuen dauerhaft aus den Systemen ausgeschlossen sind, dies soll möglichst vermieden werden. Menschen zu integrieren oder sie zu motivieren, eine Anpassungsleistung zu erbringen, stellt die Hauptaufgabe dar (Vgl. von Spiegel 2018: 110).

Soziale Arbeit und ihre Unterstützungsleistung gegenüber Subjekten bestehen damit immer in der Formulierung des Bedarfs an Hilfe und den strukturellen Genehmigungen in Form von Gesetzen und Vorschriften (Vgl. von Spiegel 2018: 110). Dies impliziert, dass Unterstützung dann stattfindet, wenn dieses von Strukturwegen aus genehmigt ist respektive das definierte Problem gesehen und beachtet wird.

Für die Disability Studies ergibt sich daraus, dass versucht werden muss,

„[...] den Fokus auf die Begrenzungen und Barrieren innerhalb der Gesellschaft statt auf die Begrenzungen und Barrieren inner-

halb des Individuums zu richten" (Priestley 2003: 31).

Das politische System und machtvolle Instanzen, die die Definitionsmacht haben, bestimmen über Hilfen, ebenso wie sie dadurch die Wirkung der Sozialen Arbeit begrenzen. Die Gesellschaft strukturiert sich an den Produktionsbedingungen und schafft über Bewertungen Teilhabe-möglichkeiten. Die Institutionen und Systeme (beispielsweise Schulen, Familien, Arbeitsplätze) orientieren sich an diesen Bedingungen. Auf der Grundlage von Bewertungen über jeweilige Individuen und Gruppen werden Zugänge gewährt oder ein Ausschluss produziert (Vgl. von Spiegel 2018: 21). Priestley (2003) verweist darauf, dass diese Form des Organisierens problematisch ist, weil der Wandel nur im Individuum stattfindet und eine kritische Analyse der Gesellschaft ausbleibt sowie eine Veränderung der Bedingungen. Somit werden individuelle Lösungen gefunden, jedoch werden die Bedürfnisse der Menschen nicht wahrgenommen.

5.3 Perspektiven der Sozialen Arbeit

Von Spiegel (2018) beschreibt, dass die Frauen*bewegung ab Ende 1970 eigene Institutionen entwickelt hat,[27] weil sie der Definitionsmacht dadurch nicht ausgesetzt war und die Zugänge zu Hilfen nicht durch den Staat reguliert wurden.[28]

> *„[...] Eine der wichtigsten Aufgaben, die noch vor uns liegt, ist der Aufbau unserer eigenen autonomen Institutionen. Es ist von größter Wichtigkeit, dass wir unsere Visionen in bestätigende Formen überführen, um effektiver zu politischen Organisationen im Bereich der Mehrfachunterdrückung Anlaufstellen für Betroffene sexualisierter Gewalt, Frauen*häuser, Frauen*zentren, Zeitschriften, Verlage, Einkaufsgenossenschaften, Kliniken, Künstlerinnen-Kollektive, die von Frauen* of Color gegründet und geführt werden, sehen."* (Smith 1985. Zitiert in: Kelly 2019: 140).

Hieran zeigt sich, dass auch die Betroffenen[29] fordern, dass eine Unabhängigkeit zur staatlichen Regulierung geschaffen werden muss. Denn

---

[27] Hierbei bezieht sich „die Frauen*bewegung" auf die *weiß* dominierte feministische Bewegung.

[28] Beispielhaft können hier die autonomen Frauen*häuser genannt werden (Vgl. von Spiegel 2018: 26).

[29] Dieses Zitat ist eine Forderung aus dem US-amerikanischen Raum.

ausschließlich so kann der Fokus von strukturellen Vorgaben abgewendet und ein aufrichtiges Interesse entwickelt werden, die *„Gesamtheit ihrer Bedürfnisse zu erfassen"* (Vgl. von Spiegel 2018: 21). Denn aktuell ist Soziale Arbeit in Institutionen verankert und Fachkräfte werden mehrheitlich über staatlich finanzierte Träger beschäftigt. Dadurch besteht immer eine gewisse Abhängigkeit, die mit Verpflichtungen verbunden ist.

Es zeigt sich, dass es zum einen die Adressat:innen Sozialer Arbeit gibt, des Weiteren die Strukturen, die Kosten tragen und Vorgaben machen, sowie die Einrichtungen, die einen konkreten Auftrag haben, und letztlich die Gesellschaft, in die Zugänge geschaffen werden sollen. Zwischen diesen Bereichen bewegen sich Sozialarbeiter:innen mit ihrer Haltung und ausgeübten Tätigkeit (Vgl. von Spiegel 2018: 27).[30] Deshalb werden die in der Praxis Tätigen dazu aufgefordert,

> *„[...] sich in gesellschaftliche Verteilungsdiskussionen einzumischen, um die materiellen Rahmenbedingungen zu beeinflussen"* (von Spiegel 2018: 30).

Die gesellschaftliche Ebene kommt durch den Kollektivgedanken zum Ausdruck. Dieser Gedanke

---

[30] An dieser Darstellung zeigt sich die Bedeutung, die der Analyse von Degele und Winker zukommt.

ist durch das „doppelt freie" Individuum (Vgl. Lessenich 2013: 16) gekennzeichnet. Die Gesellschaft wertet die Menschen als produktiv, die im wirtschaftlichen Sinne für das Kollektiv in der Re_Produktion tätig sind. Wenn Menschen keine Zugänge zum Arbeitsmarkt bekommen oder die Anpassung nur schwer zu bewältigen ist, dann zeichnet sich dies in ihrem Status ab. Damit hat die Gesellschaft sowohl die Funktion, ihre Mitmenschen zu positionieren und anerkennend zu wirken, als dass sie die Produktivität auch kontrolliert und dafür Maßstäbe vorgesehen hat (Vgl. Lessenich 2013: 16ff.).

Hier zeigt sich die „Symbolische Repräsentation".[31] Diese wirkt nicht eigenständig, sondern besteht in einer Wechselwirkung zu den Strukturen und dem Individuum respektive dessen Identität.

> *„Damit aber stellt [Soziale Arbeit] sich auf die Seite der Macht-Haber (und übernimmt auf diese Weise ein Denken in Oben und Unten, ein Unterscheiden von Normal und nicht-Normal [...]"* (Bach 2006: 387).

Soziale Arbeit ist eine Hilfe, die von der Gesellschaft und für sie geschaffen ist. Sie wird von Fachkräften ausgeführt und ist kein solidarischer

---

[31] Siehe Gliederungspunkt 3.2.

Akt, der aus der Gesellschaft heraus passiert. Menschen, die der erklärten kollektiven Rolle nicht gerecht werden können, werden als problemhaft wahrgenommen, und um ihr Risiko abzuwenden, greift die Soziale Arbeit ein. Hilfe orientiert sich immer an den Wertvorstellungen und der angestrebten Ordnung, die von der Gesellschaft vorgegeben ist. Damit ist der Auftrag der sozialen Praxis, die Anpassungsleistung an die gewünschte Ordnung zu erreichen (Vgl. von Spiegel 2018: 20).

Timm Kunstreich (2004) formuliert die Verknüpfung zwischen den Ebenen und sagt, dass Soziale Arbeit sich von den Bewertungskategorien der Gesellschaft lösen muss. Die Betrachtung des Handelns sollte als eine Assistenz oder Begleitung gesehen werden. In einer gleichwertigen Beteiligung sollten Probleme mit Adressat:innen formuliert und gemeinsam Ziele festlegt werden. Die Handlungsweise sollte nicht von außen vorgegeben werden (Vgl. von Spiegel 2018: 30).

Die Subjekte müssen sich prinzipiell selbst sozialisieren. Nicht die Umwelt formt sie zu Teilen der Gesellschaft und schafft die Zugänge, sondern es wird von ihnen eingefordert, dass sie sich durch interaktive kommunikative Prozesse einbringen und anpassen (Vgl. von Spiegel 2018: 22).[32] Die

---

[32] An dieser Stelle wird sich auf Ideen der Systemtheorie bezogen. Es könnten andere Theorien oder Modelle als Vergleich herangezogen werden, von denen sich abgegrenzt wird. Dies müsste in einer weiteren Auseinandersetzung

Aufgabe der Gesellschaft müsse es sein, Ressourcen für die Sozialisierung zur Verfügung zu stellen. Denn über diese können Subjekte gestärkte Identitäten ausbauen. Zudem muss ein größeres Verständnis in der Sozialen Arbeit darüber vorhanden sein, welches Menschen als Subjekte in einer pluralen Gesellschaft wahrnimmt und sie nicht entmenschlicht. Durch die Zuschreibung von Problemen und die Perspektive, dass Menschen die gleiche Diagnose[33] entgegengebracht wird, um sich der Norm anzupassen, verlieren sie ihre Individualität, die inhärent wertvoll sein sollte (Vgl. von Spiegel 2018: 30).

Deutlich wird die pädagogische Haltung, wenn es sich um „würdige" und „unwürdige" Adressat:innen handelt. Hierbei wirkt die Struktur unterdrückerisch und verschafft Menschen unterschiedliche Positionen, die Gesellschaft produziert diese Kategorien und die Individuen erhalten eine Prägung von der symbolischen Re_Produktionsebene. Sozialarbeiter:innen bewegen sich innerhalb dessen und müssen allen Ebenen gerecht werden, indem sie dementsprechend Ressourcen zur Verfügung gestellt bekommen. Hier kann gesagt werden, dass das Handlungsfeld begrenzt ist, doch bleiben darin auch Räume und

---

vorgenommen werden.

[33] Es ist nicht die medizinische Diagnose gemeint, sondern die sozialarbeiterische Beurteilung nach festgeschriebenen Erklärungsmethoden.

Entscheidungsfreiheiten, die genutzt werden können. Timm Kunstreich (2004) zweifelt an, dass ein wirkliches Verständnis über die Lebensrealität der Adressat:innen vorhanden sein kann und schlägt vor, dies in einer „dialogischen Verständigung" zu fokussieren. Aus dieser erreichten Basis könnten dann in gemeinsamen Gesprächen Perspektiven gesucht werden (Vgl. von Spiegel 2018: 29).

Aus der Zusammenfassung ergibt sich, dass Soziale Arbeit mit unterdrückerischen Mechanismen verknüpft ist, die sie re_produziert und aufrechterhält. Genau das ist ein Teil ihrer Funktion. Eine Pädagogik der Befreiung müsste ihre Tätigkeit in Frage stellen und radikalere Wege suchen, wie es beispielsweise Freire mit dem Buch „Pädagogik der Unterdrückten" beschreibt.

Ziel seiner Pädagogik ist es, dass die Unterdrückten *„[...] sich selbst, ebenso wie ihre Unterdrücker befreien"* (Freie (a) 1973: 39). Seine Kernthese ist, dass es zwei Aspekte dafür benötigt, zum einen die Reflexion und zum anderen die Praxis. Unter Reflexion beschreibt er, dass die Unterdrückten sich ihrer Beherrschung bewusstwerden müssen. Wenn ein Bewusstsein darüber vorhanden ist, was die Ursachen der Entmenschlichung und Unterdrückung sind und eine Kritik daran formuliert wird, dann können Pläne entwickelt werden, dieser in Form von Aktion entgegenzutreten. bell hooks formuliert das Ziel der Freiheit beispielsweise als

*„[...] eine Welt, in der allen die Grund-
bedürfnisse zum Leben, entsprechend ihrer
individuellen Bedürfnisse, zur Verfügung
stehen"* (hooks 2020: 132).

Die Unterdrückten müssen sich als diese
wahrnehmen, sie müssen eine Kritik an ihre
Unterdrücker:innen formulieren und füreinander
prozesshafte Ziele entwickeln, was es ihnen
ermöglicht, auch über die Gespaltenheit hinweg die
Freiheit und Menschlichkeit aller zu erkämpfen[34]
(Vgl. Freire (a) 1973: 42). Der Schein einer
unveränderbaren Welt ist ein Trugbild, stattdessen
muss ein Bewusstsein darüber entstehen, dass sie
lediglich begrenzend wirkt (Vgl. Freire (a) 1973:
45). Die fundamentale Basis der Aktion ist nach
Freire das Überlegen möglicher Ziele (Aktionen).
Ziele sind nicht absolut gesetzt, sondern sie sollen
im Prozess entwickelt werden und stellen Etappen
dar. Diese Überlegungen können ausschließlich die
Unterdrückten zeichnen, die bereits ein Verständnis
über ihre Position erlangt haben, denn auch sie
untereinander sind

---

[34] Sirri kritisiert beispielsweise die „»Epidemische
Gewalt«" (Sirri 2017: 55f.). Denn für sie stellt es die
Diskursmacht dar, indem Menschen des globalen Nordens
feministische Muslima* unsichtbar machen. Dies ist ein
Argument für einen gemeinsamen Kampf, der über die
Dimensionen hinweg erfolgen muss. Denn alle Menschen
tragen unterdrückerische Merkmale in sich.

„[...] widersprüchliche, gespaltene Wesen, geformt durch eine konkrete Situation der Unterdrückung und Gewalt und darin existierend" (Freire (a) 1973: 53).

Freire zeigt ein Konzept auf, in dem das pädagogische Handeln nicht im Vordergrund steht. Die Rolle der Sozialarbeiter:innen besteht im Begleiten der Prozesse. Zudem verfügen sie über Ressourcen, welche sie in diesen Prozess einbringen können. Die Arbeit nach Freire bestünde darin, dass die Unterdrückten Aufgaben formulieren. Das Verhältnis von Sozialarbeiter:innen und Adressat:innen verändert sich dadurch wesentlich. Anstatt mit einem Angebot an die Adressat:innen heranzutreten, welches diese nutzen beziehungsweise konsumieren können, verändert sich das Verhältnis in eine Art Austausch: Sozialarbeiter:innen stellen Ressourcen und Adressat:innen formulieren ihre konkreten Bedürfnisse. Es wird kein Bedürfnis oder Hilfebedarf einfach angenommen, sondern Raum für die individuellen Wünsche und Ziele gegeben.

6. Fazit

Im Folgenden wird die Arbeit noch einmal skizziert, um auf das Fazit und die Perspektiven Bezug nehmen zu können.

Der Gründungsmoment für das Konzept der Intersektionalität ist gekennzeichnet durch die erstmalige Benennung von Crenshaw im Jahr 1989. Die Überlegungen, die dazu führten, wurden jedoch wesentlich früher aufgegriffen. Benannt wird hier Sojourner Truth (1851), die in ihrer öffentlichen Rede fragte: *„Bin ich etwa keine Frau*?"*. Zu diesem Zeitpunkt thematisierte sie schon die Verknüpfung zwischen Geschlecht und *Race* unter der Thematisierung ihrer Erfahrungen als Sklavin. Intersektionalität kennzeichnet, dass Menschen, die vom kapitalistischen System unterdrückt werden, oft nicht ausschließlich in einer Kategorie Diskriminierung erfahren, sondern aufgrund mehrfacher kategorialer Zuschreibungen, die zu intersektionalen Dimensionen werden. Bedeutsam ist hier zu benennen, dass es vor allem Schwarze Frauen* waren, die immer wieder auf ihre Position aufmerksam machten und thematisierten, dass es zu einer doppelten Unterdrückung kommt und eine singuläre Perspektive davon zeugt, ausschließlich die privilegiertesten Mitglieder einer Dimension wahrzunehmen und ihnen Zugänge zu ermöglichen.

Weiterführend haben Degele und Winker das Konzept dargestellt. Sie analysieren, wie es zu Unterdrückungsverhältnissen kommt, indem sie das Wirken der Struktur, der symbolischen Re_Produktion und der Bildung von Identitäten herausarbeiten. Dabei ist die Struktur von kapitalistischen Interessen geleitet, die symbolische Re_Produktion stellt Werte und Normen her und sorgt dafür, dass dem Individuum auf Grundlage dessen eine Position zugeordnet wird, die gleichzeitig von den Zugängen zur Struktur geprägt ist. Die Analysestruktur wurde fortwährend beibehalten und auf Grundlage subjektiver Erfahrungen wurde verdeutlicht, was dies für Individuen konkret bedeutet.

Zum Ende wurde die Funktion Sozialer Arbeit dargestellt. Das Handeln resultiert aus den Vorgaben der Struktur, die durch die Politik definiert werden. Durch sie werden Ressourcen zur Verfügung gestellt und ein Handlungsrahmen festgelegt. Wer es „verdient" hat, Unterstützung durch die Soziale Praxis zu erfahren, wird durch die Gesellschaft beurteilt. Die explizite Funktion Sozialer Arbeit liegt jedoch darin, den Staat zu stabilisieren und Menschen, die nicht der gewünschten Norm entsprechen, daran anzupassen oder dieses Risiko zumindest zu verwalten und gleichzeitig die symbolische Ordnung damit aufrechtzuerhalten.

Daraus lässt sich schlussfolgern, dass der Staat maßgeblich von wirtschaftlichen Interessen geleitet ist und das Bestreben in der ökonomischen Profitmaximierung liegt. Menschen werden als unkontrollierbare Produktionsbedingungen wahrgenommen, die ein gewisses Risiko für Instabilität des Systems in sich tragen. Darin begründet sich die Tätigkeit der Sozialen Arbeit. Die Gesellschaft ordnet sich durch Abgrenzung hegemonial an. Die Konstruktion von Differenzkategorien rechtfertigt ihre Privilegien und Überordnung. Gleichzeitig legitimieren sie damit die Ausbeutung durch das kapitalistische System. Das System wurde beispielsweise überwiegend von Männern konstruiert (Androzentrismus), die somit meist bessere Positionen als Frauen* haben. Durch ihre Macht fällt ihnen die Definition über Anerkennung oder Abweichung zu. Dies zeigt sich exemplarisch an den unentgeltlichen Re_Produktionsarbeiten von Frauen* und ihren Leistungen in den Familien, denen keine Anerkennung beigemessen wird.

Als Sozialarbeiter:innen stellen wir eine ausführende Macht im Sozialstaat dar. Wir arbeiten maßgeblich in den Institutionen und mit den Geldern, die der Staat zur Verfügung stellt. Gleichzeitig ist es unser Arbeitsauftrag, für Stabilität zu sorgen und die bestehenden Verhältnisse zu erhalten. Unsere Aufgabe müsste es sein, betroffen gemachten Personen Macht zu geben, damit sie Diskurse mitbestimmen, sich selbst darstellen und formulieren können, wie alle am System teilhaben können. Im gemeinsamen Alltag müsste Emanzipation unser Leitziel sein, damit wir aufhören, Menschen zu bevormunden, und ihnen die Möglichkeit geben, selbst zu artikulieren, wie sie am gesellschaftlichen Leben teilhaben können. Um diese Praxis umsetzen zu können, müssen Praktiken aufgegriffen werden, wie sie Timm Kunstreich (2009) in seiner „dialogischen Sozialwissenschaft" beschreibt. Hierin sticht besonders die Haltung und das dementsprechende Handeln gegenüber den Nutzer:innen der Sozialen Arbeit heraus. Der Fokus liegt auf der Kommunikation zwischen diesen Personen und der gemeinsamen Vereinbarung von Handlungsschritten. Hierbei werden Prozesse einvernehmlich gestaltet, der Umgang ist transparent und es wird versucht, die hegemoniale Anordnung kritisch aufzugreifen. Die Überlegungen dieses Konzepts beinhalten den „Lebenswelt-Ansatz". Es ist ein Beispiel dafür, wie eine Verknüpfung von politischen Interessen und Sozialwissenschaftlicher Theorie funktionieren kann. Dieses Konzept verortet sich in der Tradition der kritischen Sozialen Arbeit.

Im Sinne des Berufsethos von Sozialarbeiter:innen sollten die Aufträge des Staates nicht unreflektiert erfüllt, sondern hinterfragt werden, um eine kritische Macht darzustellen. Mit dieser Macht können wir als kontrollierende Instanz einschreiten. Dies gelingt, wenn die Ziele und Re_Produktionsmechanismen des bestehenden Systems hinterfragt werden. Wir arbeiten darauf hin, dass die

Subjekte, denen wir im Arbeitsalltag begegnen, die Anerkennung aus der Mitte der Gesellschaft bekommen. Eigentliches Ziel müsste es sein, sie zu „empowern"[35] und Netzwerke zu schaffen, in denen sie Macht erhalten.

> *„Was will der Radikale? Er will eine Welt, in der der Wert des Einzelnen Beachtung findet. Er will eine Gesellschaft schaffen, in der alle Fähigkeiten des Menschen ausgeschöpft werden können, eine Welt, in der der Mensch in Würde, Sicherheit, Glück und Frieden leben kann - eine Welt, die auf der Moral der Menschheit basiert"* (Alinsky 1999: 29).

Nach Alinsky (1999) müsste das Handeln darauf ausgerichtet sein, Menschen zu bestärken und sie darin zu begleiten, sich zu organisieren. Deswegen scheint es von Bedeutung zu sein, Konzepte aufzugreifen, die sich von der alltäglichen Praxis unterscheiden. Alinskys Konzept des „Community Organizing" scheint hierbei eine erhebliche Größe zu sein, da sich schon die Haltung gegenüber den Menschen, mit denen in der Sozialen Praxis zusammengearbeitet wird, maßgeblich unterscheidet. Die hegemoniale Macht von Sozialarbeiter:innen wird in diesem Konzept aufgebrochen und eine Perspektive des gemeinsamen Handelns eröffnet. Auch weiterführende Methoden

---

[35] Anglizismus; aus dem Englischen: (to) empower – bestärken.

des Handelns im Konzept des „Community Organizing" könnten in der Praxis von Relevanz sein.

Für die Soziale Arbeit stellt sich die Frage, warum die hegemonialen Verhältnisse nicht im größeren Umfang kritisiert werden und weshalb sich in eine solche Abhängigkeit begeben wird. Denn um mit Freire zu argumentieren, sind es nicht ausschließlich die Betroffenen, die ein Verständnis über Unterdrückungsmechanismen und Ausbeutung erlangen müssen, ebenso sind es die Menschen, die mit ihnen zusammen den Alltag bewältigen. Unsere Position müsste klar davon gekennzeichnet sein, dass die Adressat:innen über das Wissen verfügen, wie Hilfe und Unterstützung aussehen muss. Denn es ist ihr Leben, welches wir bisher versuchen umzuformen, damit wir die Ziele der kapitalistischen Struktur stützen. Ebenso müssten wir gegenüber der Gesellschaft eine klare Stellung beziehen und aufzeigen, wie unterdrückerisch sie wirkt – aus reinem Egoismus, um ihre hegemonialen Positionen sowie ihre Privilegien zu schützen. Denn auch Freire sagt, dass sich die unterdrückerischen Personen in einer befreiten Welt niemals frei fühlen würden, weil sie durch die Teilung beziehungsweise Abgabe ihrer Macht (unrechtmäßige) Freiheiten verlieren (Vgl. Freire 1973: 44). Soziale Arbeit muss als Akteurin in politische Diskurse eintreten und Positionen gegenüber dem Staat durchsetzen.

Die Erfahrungen der Betroffenen zeigen auf, welche Qualen dieses System hervorruft. Wie können wir diese ignorieren und weiter re_produzieren?

Ein Aspekt, der in der Arbeit deutlich wird, ist, dass die Gesellschaft sich hierarchisch ordnet. Die Menschen mit den meisten Privilegien und Ressourcen stehen oben und die Unterdrückten unten. In der Pädagogik der Befreiung und an den Aussagen der Betroffenen wird deutlich, dass, um die hegemonialen Verhältnisse zu verändern, von unten nach oben Befreiung geschaffen werden muss. Die Gegensätzlichkeit verdeutlicht, warum die Unterdrückten im Zentrum der Befreiung stehen müssen. Der Zuschreibung, dass sie „unten" stehen und damit machtlos sind, muss eigentlich widersprochen werden, denn die hegemoniale Anordnung kann nur existieren, weil Menschen unterdrückt sind und ausgebeutet werden. Eigentlich besitzen sie die maßgebliche Macht. Ohne sie würde die Welt stillstehen. Doch es hat sich ein Bild der Ohnmacht und Machtlosigkeit internalisiert.

Deswegen wäre es interessant zu erforschen, wie stark Unterdrückte ihre Wirkungsmacht einschätzen und wie sich dies in kollektiven Zusammenhängen verstärkt oder wie das Erleben als wirkungsmächtige Person hervorgebracht werden kann. Neben der Forschung können in der alltäglichen Praxis Konzepte des „Empowerments" von Bedeutung sein. Smith beschreibt 1985 als Perspektive, dass es unabhängige Institutionen braucht, die von betroffen gemachten Personen aufgebaut, autonom verwaltet und auf ihre Interessen ausgelegt werden.

Weitere Fragen, die sich im Schreibprozess ergeben haben und die für eine detailliertere Positionierung von Nöten sind, sind folgende:

Mir scheint, als wäre das Wort „Adressat:innen" aufgrund dieser Ausarbeitung unpassend. Im bestehenden System ist damit fest vorgegeben, welche Hegemonie besteht. Sozialarbeiter:innen richten sich an die Adressat:innen. Durch das Wort muss geschlussfolgert werden, dass die „Professionellen" ein Problem definiert haben sowie eine Lösungsstrategie bereitstellen. Wenn es ein Akt der Befreiung wäre und wir die Perspektiven der Unterdrückten hören würden, dann ergäbe sich eine Struktur von unten nach oben – und dadurch erscheint das Wort unpassend. Ein Diskurs in diesem Kontext könnten bedeutend sein, da wir so als Profession die Möglichkeit haben, in eine Auseinandersetzung zu gehen, in dem diskutiert wird, in welchem Verhältnis wir zu den Menschen stehen, mit denen wir zusammenarbeiten und welches Wort für dieses Verhältnis angemessen ist.

Eine weitere Auseinandersetzung, die aus dieser Arbeit resultiert, könnte sein, wie sich die Wörter Ausbeutung, Diskriminierung und Unterdrückung unterscheiden und wo sie im Intersektionalen

Konzept zu verorten sind oder was sie bewirken, um den Prozess noch deutlicher zum Ausdruck zu bringen.

Eine letzte erhebliche Frage, die mir im Prozess des Schreibens wichtig erschien, ist, ob alle unterdrückerischen Kategorien die gleiche dogmatische Beziehung zum Staat hervorbringen und wie sich mögliche Unterschiede im Verhältnis der diskriminierenden Kategorien zur symbolischen Re_Produktion zeigen. Aus dieser Analyse könnten eventuell wichtige Schlussfolgerungen gezogen werden, wie ein Handeln ausgerichtet sein müsste.

Wie bell hooks und Eribon habe ich den „Aufstieg" geschafft. Aber es dominiert das Gefühl, dass die Prägung durch unsere Erfahrungen es nicht erlaubt, sich frei zu fühlen. Auch Freire schreibt:

„Die Unterdrückten, die sich der Struktur der Herrschaft, in der sie untergegangen sind, angepasst und sich ihr ergeben haben, sind freilich so lange daran gehindert, den Kampf um die Freiheit zu führen, als sie sich nicht in der Lage fühlen Risiken einzugehen, die es erfordert. [...] Die Unterdrückten leiden an dem Zwiespalt, der sich in ihrem innersten Sein breit gemacht hat. [...] Sie sind zu ein und derselben Zeit sie selbst und Unterdrücker, dessen Bewußtsein [sic] sie internalisiert haben" (Freire 1973: 43).

Dieses Zitat kennzeichnet die eingangs beschriebene Position und Perspektive auf das Studium, es zeigt auf, warum dieses Thema für mich persönlich von großer Bedeutung ist, und zum anderen, dass mir die Auseinandersetzung, wie ich über die erreichte Macht und die Ressourcen denke, die mir nun zur Verfügung stehen, besonders wichtig ist. Eine der Kernfragen ist, welche Anforderungen sich daraus – für mich als Privatperson, aber auch für mich als qualifizierte Fachkraft und für mein Umfeld – ergeben.

Für mich fühlt es sich nach einem unbefriedigenden Fazit an – in dem Wissen, dass noch viel Arbeit bevorsteht, um die Befreiung aus den unterdrückenden Verhältnissen zu erreichen. Es fühlt sich beklemmend an, denn wann fängt es an und wie verhalten sich die Menschen in den befreienden Momenten? Und hoffentlich geht dies allen Leser:innen so. Diese Arbeit soll lediglich einen kleinen Ausschnitt von möglichen Perspektiven geben, und das Erwachen, das Reflektieren und der Prozess scheinen noch in weiter Ferne. Die Hoffnung bleibt, wenn Eribon sagt:

> *„Es kommt nicht darauf an, was man aus uns gemacht hat, sondern darauf, was wir aus dem machen, was man aus uns gemacht hat"* (Eribon 2016: 219).

Der Antrieb ist unsere Erfahrung, denn

> *„[s]tändige Benachteiligung erzeugt Stress, Angst und materielle Sorgen. Aber die Sehnsucht, ihren Schmerz zu lindern, kann Gleichgültigkeit in Achtsamkeit und Achtsamkeit in Widerstand umwandeln"* (hooks 2020: 130).

Und vielleicht wird der Moment kommen, in dem wir sagen: *„Wenn sie eintreten, treten wir alle ein"*[36] (Crenshaw 1989: 184).

---

[36] *„when they enter, we all enter"* (Crenshaw 1989: 184).

7. Literaturverzeichnis

Alinsky, Saul D. (1999). Forum für Community Organizing (Hrsg.) (1999). Anleitung zum Mächtigsein. Ausgewählte Schriften. Göttingen: Lamuv Verlag GmbH.

Aydemir, Fatmar (2020). Arbeit. Aydemir, Fatmar und Yaghoobifarah, Hengameh (Hrsg.). (2020). (8. Auflage). Eure Heimat ist unser Albtraum. Berlin: Ullstein Buchverlag GmbH.

Bach, Ulrich (2006). Ohne die Schwächsten ist die Kirche nicht ganz. Bausteine einer Theologie nach Hadamar. Neukirchen-Vluyn: S. 370-385.

Baquero, Patricia (1998). Unterdrückung, Geschlecht und Befreiung. Eine Annäherung an Paulo Freires Befreiungsansatz. In: Knauth, T. und Schroeder, J. (Hrsg.). (1998). Über Befreiung, Befreiungspädagogik, Befreiungsphilosophie und Befreiungstheologie im Dialog. Münster: Unrast-Verlag, S. 143-170.

Bommes, M. und Scherr, A. (1996). Exklusionsvermeidung, Inklusionsvermittlung und/oder Exklusionsverwaltung. Zur gesellschaftstheoretischen Bestimmung Sozialer Arbeit. In: Neue Praxis. (1996). Heft 2. 26. Jg. Lahnstein.

Bourdieu, Pierre (1983). Ökonomisches, kulturelles, soziales Kapital. In: Reinhard Kreckel (Hrsg.). (2004). »Soziale Ungleichheiten«. Soziale Welt. Sonderband 2. Göttingen.

Bruhn, Lars und Homann, Jürgen (2020). Wer spricht denn da? Kritische Anmerkungen zum Konzept der Selbstbetroffenheit. In: Brehme, D., Fuchs, P., Köbsell, S. und Wesselmann, C. (2020). Disability Studies im deutschsprachigen Raum. Zwischen Emanzipation und Vereinnahmung. Weinheim – Basel: Juventa Verlag, S. 82-88.

Crenshaw, Kimberlé (1989). Das Zusammenwirken von *Race* und Gender ins Zentrum rücken: Eine Schwarze feministische Kritik des Antidiskriminierungsdogmas, der feministischen Theorie und antirassistischer Politiken. In: Kelly, Natasha A. (Hrsg). (2019). (1. Auflage). Schwarzer Feminismus. Grundlagentexte. Münster: Unrast-Verlag.

Davis, Angela (1971). Reflexion über die Rolle der Schwarzen Frau* in der versklavten Community. In: Kelly, Natasha A. (Hrsg). (2019). (1. Auflage). Schwarzer Feminismus. Grundlagentexte. Münster: Unrast-Verlag.

Douglass, Frederick (1962). Life and Times of Frederick Douglass. New York.

Eribon, Didier (2016). (11. Auflage). Rückkehr nach Reims. Berlin: Suhrkamp Verlag.

Freire, Paulo (1973) Pädagogik der Unterdrückten. Bildung als Praxis der Freiheit. Reinbek bei Hamburg: Rowohlt Verlag, S. 31-56.

Freire, Paulo (1973). (a). (3. Auflage) Pädagogik der Unterdrückten. Bildung als Praxis der Freiheit. Stuttgart: Kreuz Verlag.

Gage, Frances (1858). In: Truth, Sojourner (1851). Bin ich etwa keine Frau*?. In: Kelly, Natasha A. (Hrsg). (2019). (1. Auflage). Schwarzer Feminismus. Grundlagentexte. Münster: Unrast-Verlag.

Hall, Stuart (2012). (7. Auflage). Rassismus und kulturelle Identität. Ausgewählte Schriften 2. Hamburg.

Hill Collins, Patricia. Die Kraft der Selbstbestimmung. In: Kelly, Natasha A. (Hrsg). (2019). (1. Auflage). Schwarzer Feminismus. Grundlagentexte. Münster: Unrast-Verlag.

hooks, bell (1982). Schwarze Frauen* und Feminismus. In: Kelly, Natasha A. (Hrsg). (2019). (1. Auflage). Schwarzer Feminismus. Grundlagentexte. Münster: Unrast-Verlag.

hooks, bell (2020). (1. Auflage) Die Bedeutung von Klasse. Warum die Verhältnisse nicht auf Rassismus und Sexismus zu reduzieren sind. Münster: Unrast-Verlag.

Kelly, Natasha A. (Hrsg). (2019). (1. Auflage). Schwarzer Feminismus. Grundlagentexte. Münster: Unrast-Verlag.

Knauth, T. und Schroeder, J. (Hrsg.). (1998). Über Befreiung, Befreiungspädagogik, Befreiungsphilosophie und Befreiungstheologie im Dialog. Münster: S. 143-170.

Kunstreich, Timm (2009). Anmerkungen zu einer dialogischen Sozialwissenschaft. Birgmeier, B. und Mührel, E. (Hrsg.). (2009). Die Sozialwissenschaft und ihre Theorie(n). Positionen, Kontroversen, Perspektiven. Wiesbaden: VS-Verlag.

Kunstreich, Timm, Langhanky, M., Lindenberg, M., May, M. (2004). Dialog statt Diagnose. In: Heiner, Maja (Hrsg.). (2004). Diagnostik und Diagnosen in der Sozialen Arbeit. Ein Handbuch. Berlin: Eigenverlag des Deutschen Vereins für öffentliche und private Fürsorge, S. 26-39.

Lessenich, Stephan (2013). (3. Auflage). Die Neuerfindung des Sozialen. Der Sozialstaat im flexiblen Kapitalismus. Bielefeld: transcript Verlag.

Lorde, Audre (1984). Alter, *Race,* Klasse und Gender: Frauen* definieren ihre Unterschiede neu. In: Kelly, Natasha A. (Hrsg). (2019). (1. Auflage). Schwarzer Feminismus. Grundlagentexte. Münster: Unrast-Verlag.

Luhmann, Niklas (1995). Inklusion und Exklusion. In: Luhmann, Niklas (Hrsg.). (1995). Soziologische Aufklärung 6: Die Soziologie und der Mensch. Opladen: Leske & Budrich, S. 237-264.

Luhmann, Niklas (Hrsg.). (1995). Soziologische Aufklärung 6: Die Soziologie und der Mensch. Opladen: Leske & Budrich.

May, Michael (2012). Das Paradigma von Intersektionalität und das Erbe eines kritisch-reproduktionstheoretisch orientierten Forschens in der Tradition von Marx. In: Widersprüche (2012). Heft 127. „Gekreuzt?!". Intersektionalität und Soziale Arbeit. S. 13-28.

Przeworski, Adam und Sprague, John (1986). Paper Stones. A History of Electoral Socialism. Chicago: University of Chicago Press.

Priestley, Mark (2003). Worum geht es bei den Disability Studies? Eine britische Sichtweise. In: Waldschmidt, A. (Hrsg.). (2003). Kulturwissenschaftliche Perspektiven der Disability Studies. Tagungsdokumentation. Kassel: bifos e. V., S. 23-35.

Scherr, Albert (2018). Diskriminierung und Rassismus. In: Otto, H.-W. und Thiersch, H. (Hrsg.). (2018). Handbuch Soziale Arbeit. Grundlagen der Sozialarbeit und Sozialpädagogik. München: Ernst Reinhardt Verlag, S. 273-281.

Sirri, Lana (2017). Einführung in Islamische Feminismen. Berlin: w_orten & meer GmbH.

Smith, Barbara (1985). Bittere Wahrheiten über die gegenwärtige Schwarze feministische Bewegung. In: Kelly, Natasha A. (Hrsg). (2019). (1. Auflage). Schwarzer Feminismus. Grundlagentexte. Münster: Unrast-Verlag.

Tennstedt, Florian (1997). »Peitsche und Zuckerbrot oder Reich mit Zucker? Der Deutsche Weg zum Wohlfahrtsstaat 1871-1881«. In: Zeitschrift für Sozialreform. 43 (I): S. 88-101.

The Combahee River Collective (1977). Ein Schwarzes feministisches Statement. In: Kelly, Natasha A. (Hrsg). (2019). (1. Auflage). Schwarzer Feminismus. Grundlagentexte. Münster: Unrast-Verlag.

Truth, Sojourner (1851). Bin ich etwa keine Frau*?. In: Kelly, Natasha A. (Hrsg). (2019). (1. Auflage). Schwarzer Feminismus. Grundlagentexte. Münster: Unrast-Verlag.

von Spiegel, Hiltrud (2018). (6. Auflage). Methodisches Handeln in der Sozialen Arbeit. München: Ernst Reinhardt Verlag.

Winker, Gabriele (2012). Intersektionalität als Gesellschaftskritik. In: Widersprüche (2012) Heft 127. „Gekreuzt?!". Intersektionalität und Soziale Arbeit. S. 13-28.

Wollrad, Eske (2012). So ist mein Fleisch. In: Falk, I., Möller, K., Raiser, B., Wollrad, E. (Hrsg.). (2012) So ist mein Leib. Alter, Krankheit und Behinderung - feministisch theologische Anstöße. Gütersloh: Gütersloher Verlagshaus, S.107-122.

Onlinequellen:

Aukongo, Lahya (2016): RADIKAL. In: Quix-Kollektiv für kritische Bildungsarbeit (2016). In der Broschüre: Willst du mit mir gehen? gender_sexualitäten_begehren in der machtkritischen und entwicklungspolitischen Bildungsarbeit. Quelle: https://www.quixkollektiv.org/publikationen/broschuere /, Ref. 24.05.2021.

Bruhn, Lars und Homann, Jürgen (2015): Soziale Arbeit als Tauziehen? Macht, Selbstbestimmung, Nicht-Identität. Vortrag im Rahmen der Ringvorlesung „Behinderung ohne Behinderte?! Perspektiven der Disability Studies". Universität Hamburg. Quelle: http://www.zedis-ev-hochschule-hh.de/files/homann_ bruhn_ds_soziale_arbeit.pdf, Ref. 21.07.2020.

Degele, Nina und Winker, Gabriele (2007): Intersektionalität als Mehrebenenanalyse. Quelle: http://portal-intersektionalitaet.de/ theoriebildung/ ueberblickstexte/degelewinker/, Ref. 21.07.2020.

Meuser, Michael (2001): Zur kollektiven Konstruktion hegemonialer Männlichkeit. Erschienen in: Schriften des Essener Kollegs für Geschlechterforschung. Janshen, D. und Meuser M. (Hrsg). (2001). Heft II, digitale Publikation. Quelle: https://www.uni-due.de/imperia/md/content/ekfg/ michael_ meuser_maennerwelten, Ref. 21.07.2020.

Das ist Alma Marta!

Alma Marta ist ein 2020 gegründeter wissenschaftlicher Fachverlag im deutschsprachigen Raum mit Hauptsitz in Hamburg. Die Schwerpunkte unseres Programms liegen in den Gender & Queer Studies, in der Geschichte aber auch in den Kultur-, Medien- und Sozialwissenschaften.

Unser verlegerisches Angebot richtet sich an Studienabsolvent*innen, Doktorand*innen, Promovend*innen sowie wissenschaftliche Institutionen und Netzwerke.

Wir kalkulieren jede Publikation individuell. Alma Marta ist eine kostengünstige Alternative zu anderen Wissenschaftsverlagen. Gerne unterbreiten wir Ihnen ein unverbindliches Angebot!

Was uns darüber hinaus besonders auszeichnet:

- Keine Abtretung der VG-Wort-Tantiemen an den Verlag.

- Keine erzwungenen Fest- oder Mindestabnahmen an Exemplaren.

- Großzügige Autorenrabatte für alle Alma Marta und Marta Press Publikationen.

- Auszahlung der Autorenprovision ab dem ersten verkauften Buch.

- Individuelle und unkomplizierte Abwicklung und Betreuung...

Sie haben Interesse an einer Veröffentlichung im Verlag Alma Marta? Wir freuen uns auf Ihre Studienabschlussarbeit, Dissertation, Habilitationsschrift, Monographie oder Ihren Sammelband. Bitte schicken Sie Ihr Manuskript (Arbeitsfassung) oder - falls ein solches noch nicht vorliegt - ein Projektprofil / Expose per Email an alma-marta@gmx.de.

Nadja Habibi
Prostitution versus Sexarbeit

Feministische Debatten und Implikationen für die Soziale Arbeit

Dieses Buch gibt einen Überblick über die beiden konträrsten Standpunkte in den feministischen Debatten um Prostitution.

Wie bewerten Akteur:innen in den feministischen Debatten den Zusammenhang von Prostitution und Frauenunterdrückung? Welche Implikationen haben die politischen Positionierungen für die Praxis Sozialer Arbeit?

Die Autorin bezieht begründet Stellung zu den zuvor skizzierten Positionen und spricht sich für eine Betrachtung von Prostitution im Kontext von bürgerlich-kapitalistischen Eigentumsverhältnissen aus

2022 | 136 Seiten | 12,00 € (D) | ISBN: 978-3-948731-08-3

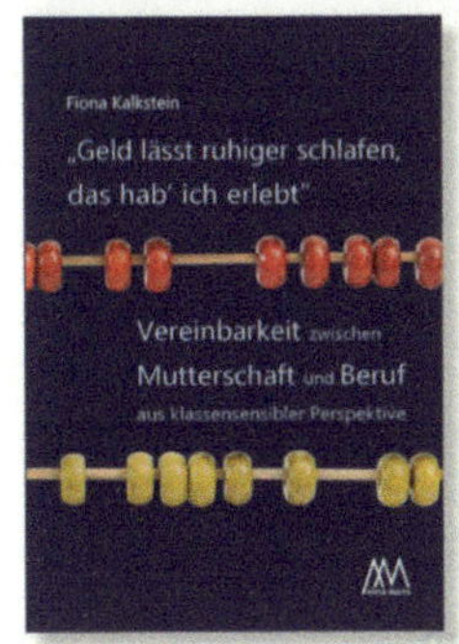

Fiona Kalkstein

„Geld lässt ruhiger schlafen, das hab` ich erlebt"

Vereinbarkeit zwischen Mutterschaft und Beruf aus klassensensibler Perspektive

2021 | 472 Seiten | 36,00 € (D)
ISBN: 978-3-948731-06-9

Björn Klein

Die Wirkung von Internet-Pornografie auf Kinder und Jugendliche

Wirkungstheorien, empirische Studien und pädagogische Konzeptualisierungen auf dem Prüfstand

2021 | 136 Seiten | 15,00 € (D)
ISBN: 978-3-948731-03-8

Sarah Czerney, Lena Eckert, Silke Matin (Hg.)

DIY, Subkulturen und Feminismen

2021 | 244 Seiten | 22,00 € (D)
ISBN: 978-3-948731-01-4

Johanna Sigl, Katharina Kapitza, Karin Fischer (Hg.)

Facetten des Antifeminismus: Angriffe und Eingriffe in Wissenschaft und Gesellschaft

2021 | 144 Seiten | 16,00 € (D)
ISBN: 978-3-948731-02-1

Heidrun Kallies, Farin Rezai

Lasst uns die Welt erfinden

Migration und Interkulturalität in Systemischer Beratung

2020 | 116 Seiten | 16,00 € (D)
ISBN: 978-3-948731-00-7

www.alma-marta.de